AF542843

# RÈGLEMENT ET TARIFS

## DE LA COMPAGNIE

DES

# DOCKS-ENTREPOTS DU HAVRE

PARIS
IMPRIMÉ CHEZ BONAVENTURE ET DUCESSOIS,
55, QUAI DES AUGUSTINS.

1858

RÈGLEMENT & TARIFS

DE LA COMPAGNIE

# DES DOCKS-ENTREPOTS DU HAVRE

# Arrêté

du Ministre de l'Agriculture, du Commerce et des Travaux publics, en date du 3 avril 1858, approuvant les Règlement et Tarifs de manutention de la Compagnie des Docks-Entrepôts du Havre.

---

Le Ministre de l'agriculture, du commerce et des travaux publics,

Vu le décret du 17 juin 1854, portant concession à la ville du Havre de l'établissement du Dock-Entrepôt, prévu par la loi du 5 août 1854, et le cahier des charges annexé audit décret;

Vu le décret du 11 mai 1855, qui approuve les modifications apportées aux articles 4, 7 et 10 du cahier des charges annexé au décret sus-visé.

Vu l'arrêté du 3 décembre 1856, portant homologation du règlement et du tarif de manutention à appliquer dans le Dock-Entrepôt, sous la réserve d'une révision ultérieure dont le terme avait été fixé au 1er janvier 1859;

Vu la délibération prise le 20 mars 1857 par la Chambre de commerce du Havre et à la suite de laquelle une commission mixte de délégués de la chambre et de délégués de la compagnie concessionnaire, a été chargée de procéder à la révision prévue par l'arrêté sus-visé, du 3 décembre 1856;

Vu les lettres des 5 et 26 mars 1858, par lesquelles la Chambre de commerce du Havre donne son adhésion au travail fait par la commission mixte précitée;

Vu la lettre du 18 février 1858 par laquelle la compagnie concessionnaire du Dock-Entrepôt donne également son adhésion au travail de la commission mixte;

Arrête :

ARTICLE 1er.

Le règlement et les tarifs de manutention, de voilerie et de tonnellerie, annexés au présent arrêté, seront dans leur forme et teneur appliqués dans le Dock-Entrepôt du Havre, à partir du 8 avril 1858, au lieu de ceux qu'avait approuvé l'arrêté sus-visé, du 3 décembre 1856.

Ce règlement et ces tarifs devront être soumis de nouveau à l'approbation du ministre de l'agriculture, du commerce et des travaux publics avant le 1er janvier 1861, sur la proposition de la compagnie, la Chambre de commerce du Havre entendue.

ART. 2.

Le directeur du commerce extérieur et le préfet de la Seine-Inférieure sont chargés, chacun en ce qui le concerne, de l'exécution du présent arrêté dont ampliation sera transmise à M. le ministre des finances, à M. le préfet de la Seine-Inférieure, à la Chambre de commerce du Havre et à la compagnie concessionnaire du Dock-Entrepôt.

Fait à Paris, le 3 avril 1858.

*Signé* : E. ROUHER.

Pour ampliation,

Le conseiller d'Etat, secrétaire général,
*Signé* : DE BOUREUILLE.

# RÈGLEMENT & TARIFS

DE LA COMPAGNIE

# DES DOCKS-ENTREPOTS DU HAVRE

## PREMIÈRE PARTIE

## RÈGLEMENT

### ARTICLE PREMIER.

**Navires admissibles dans le Dock.**

Peuvent être reçus dans le Dock :

Tous les navires arrivant :

1° Des colonies françaises;

2° De l'étranger;

3° Des ports de France, avec un chargement de marchandises étrangères et coloniales.

### ARTICLE 2.

**Navires pour lesquels l'entrée du Dock est obligatoire.**

Le débarquement au Dock est obligatoire pour tous les navires dont moitié de la cargaison se compose de marchandises destinées à l'entrepôt réel.

Il ne sera permis à ces navires d'effectuer de déchargement sur d'autres points que dans les cas où il ne pourrait leur être donné de place au Dock, jusqu'au moment où, d'après la date du dépôt du manifeste, ils auraient droit à une place à quai dans les autres bassins.

### ARTICLE 3.

**Conditions d'admission dans le Dock et à bord des Navires. — Personnel des travaux.**

Nul ne peut rester dans le Dock après l'heure de la fermeture des travaux; nul ne peut être admis à bord des navires sans permis, sauf l'armateur, le consignataire, le courtier, ou leurs agents, le capitaine ou le second.

Par exception, les hommes de l'équipage seront admis dans le Dock, s'ils sont munis d'une autorisation motivée de leur capitaine ou second.

Il sera remis par le chef du Dock, sur la demande du capitaine ou du second, des permis aux employés et ouvriers qui doivent préparer le navire au déchargement ou effectuer à bord tout autre travail indispensable.

Il est généralement défendu de se servir d'aucun employé ou ouvrier autre que ceux de la Compagnie, dans le chargement ou déchargement des navires, ou pour tout autre travail à effectuer dans l'enceinte du Dock.

Toutefois, les travaux à bord des navires, pour les chargements et les déchargements, pourront être faits par les hommes de l'équipage, lorsqu'ils seront en nombre suffisant; dans ce cas, le capitaine du navire n'aura à payer à la Compagnie que les frais d'abri et lotissement sous les hangars, lesquels seront équivalents au tiers des frais de débarquement fixés par le tarif.

Lorsque l'équipage sera insuffisant pour opérer le débarquement, la Compagnie fournira le complément nécessaire au prix fixé par le tarif des cas imprévus, mais seulement lorsque l'insuffisance ne s'élèvera pas à plus du tiers, autrement le travail sera fait en entier par le Dock.

## ARTICLE 4.

### Défense de donner des spiritueux ou des gratifications aux employés et ouvriers du Dock.

Il est recommandé de ne donner aux employés ou ouvriers du Dock, ni vins, ni spiritueux, ni salaires, ni gratifications d'aucune nature. En négligeant de se conformer à cette prescription, l'on exposerait ceux-ci à la perte immédiate de leurs emplois.

## ARTICLE 5.

### Déchargement à tour de rôle.

Les navires sont mis en déchargement à tour de rôle, dans l'ordre du dépôt du manifeste en douane, conformément à l'article 13 de la loi du 22 août 1791.

Avant la remise des déclarations en douane, la Compagnie pourra faire procéder au débarquement des marchandises. Le capitaine, le second, ou bien une autre personne dûment autorisée à cet effet par l'armateur ou le consignataire, et, à défaut de consignataire, par le courtier du navire, doit être présent à bord pendant le déchargement.

A l'égard des opérations de pesage et de vérification par la douane, la Compagnie représentera les réclamateurs des marchandises en cas d'absence.

## ARTICLE 6.

### Déclarations en Douane dans les trois jours de l'arrivée.

Pour éviter un encombrement préjudiciable à tous les intérêts, les marchandises qui, faute de la remise des déclarations en détail dans les trois jours francs du dépôt du manifeste en douane, ou pour quelque cause que ce soit, indépendante du Dock, ne pourront pas être soumises à la vérification de douane, seront frappées d'une augmentation de 50 0/0 sur les droits de livraison sur le quai, et ce, sans préjudice de l'application par la douane, quand elle le jugera convenable, des dispositions administratives relatives à la mise au dépôt des marchandises non déclarées.

## ARTICLE 7.

### Lingots, espèces et colis de valeur.

Le capitaine demeure responsable des lingots, espèces, bijoux et colis de valeur existant à bord, qu'ils fassent partie de la cargaison ou soient propriété particulière, à moins qu'il ne préfère les donner en dépôt à la Compagnie, auquel cas les articles ou colis en question seront l'objet d'une déclaration de dépôt spécial, sans augmentation des frais portés au tarif.

ARTICLE 8.

**Dommages et pertes éprouvés dans la manutention, à bord des Navires.**

La Compagnie ne sera responsable des pertes ou dommages éprouvés par les marchandises, à bord d'un navire, soit dans le désarrimage, soit dans l'élingage desdites marchandises, qu'autant que le travail entier aura été accompli par ses ouvriers.

ARTICLE 9.

**Règles que doivent observer les capitaines ou seconds ayant charge ou commandement d'un Navire entré dans le Dock.**

Tout capitaine, second ou autre personne ayant charge ou commandement d'un navire, est tenu, au moment de son entrée dans le Dock, de disposer ses agrès de manière à éviter tout contact avec les hangars et bâtiments, et, après avoir pris la place qui lui est assignée, d'amarrer le navire pour garantir sa sûreté. Il est tenu chaque soir, avant la clôture du Dock, d'examiner avec soin l'état de ses amarres, tant à bord que sur le quai, et de faire tout ce que les circonstances pourront exiger, à l'effet d'accroître la sécurité du navire, en augmentant, au besoin, le nombre et la force des chaînes, câbles, etc., la Compagnie n'étant, en aucun cas, responsable des avaries que peuvent éprouver les navires.

ARTICLE 10.

Le navire entrant, sortant ou accomplissant dans le Dock un mouvement quelconque, doit être manœuvré par le capitaine et l'équipage, conformément aux directions de l'officier de port chargé du service du Dock.

S'il n'y a pas assez de monde à bord pour hâler ou déhâler le navire, la Compagnie fournira, aux frais du navire, un nombre d'hommes suffisant, qui travailleront sous la direction responsable du capitaine ou de ses officiers.

ARTICLE 11.

**Sortie des Navires après déchargement.**

Tout navire qui aura effectué son débarquement dans le Dock ne pourra sortir de l'enceinte du Dock que sur un permis délivré dans les bureaux de la Compagnie. Ce permis devra être délivré au capitaine dans les deux heures de la demande qui en sera faite par écrit par le consignataire du navire, ou, à défaut, par le courtier. (En cas de contestation, voir l'article 31.)

En cas d'infraction au présent article, l'armateur, le consignataire, ou le courtier faute de consignataire, seront responsables de tous les frais incombant au navire qui n'auront pas été acquittés par le capitaine.

ARTICLE 12.

Sur la demande des consignataires, des carnets de poids des cargaisons seront délivrés par la Compagnie aux prix établis ci-dessous, suivant la jauge des navires admise par la douane :

| | | | |
|---|---|---|---|
| 200 | tonneaux | et au-dessous. | fr. 10 |
| 201 | d° | à 500. | — 15 |
| 501 | d° | et au-dessus. | — 25 |

ARTICLE 13.

**Feu et lumières.**

Il est défendu formellement de fumer dans l'enceinte du Dock, sur le quai ou dans les cours, comme aussi d'y entrer avec du feu, de la lumière, des allumettes chimiques ou autres matières inflammables.

## ARTICLE 14.

### Heures d'ouverture et fermeture des bureaux et magasins du Dock.

Les bureaux du Dock seront ouverts :

Du 1er avril au 30 septembre, de 7 heures du matin à midi, et de 2 heures du soir à 7 heures.

Du 1er octobre au 31 mars, de 8 heures du matin à midi ; de 2 heures du soir à 6 heures.

Les heures de travail dans les magasins sont :

Du 1er avril au 30 septembre, de 6 heures du matin à 7 heures du soir.

Du 1er octobre au 31 mars, de 7 heures du matin jusqu'à la chute du jour, sauf le temps consacré au repas.

Les chargements et déchargements de navires pourront avoir lieu du lever au coucher du soleil.

En été, ils ne pourront commencer avant 5 heures du matin, ni se prolonger au delà de 8 heures du soir.

Les marchandises débarquées en dehors du Dock ne pourront être introduites dans l'enceinte de l'entrepôt passé les heures fixées pour la cessation du travail dans les magasins.

Les voitures qui n'arriveraient pas au moins un quart d'heure avant la fermeture des magasins le soir devront rester chargées jusqu'à la reconnaissance par la Compagnie, qui n'aura lieu que le lendemain matin.

## ARTICLE 15.

### Obligations et responsabilité de la Compagnie.

La Compagnie est seule et exclusivement chargée de toutes les opérations relatives aux marchandises, depuis leur entrée jusqu'à leur sortie du Dock.

Elle choisit ses ouvriers et hommes de peine, à la charge par elle de les faire agréer par l'administration des douanes. Elle est responsable de la garde et de la conservation de la marchandise entreposée, sauf les avaries et déchets naturels provenant de la nature ou du conditionnement des marchandises.

La Compagnie ne pourra être rendue responsable des dommages et avaries éprouvées :

1° Par les marchandises qui, non désignées pour l'entrepôt, ne sont pas enlevées des quais du Dock dans la journée de leur vérification par le service des douanes ou de leur conditionnement ;

2° Par les marchandises sortant des magasins qui ne seraient pas également enlevées des cours découvertes dan la journée de leur vérification ou de leur conditionnement.

Pour les marchandises sur les quais ou dans les cours découvertes, dont la vérification ou le conditionnement ne se termineront qu'au moment de la fermeture des grilles, et qui, par suite, ne pourront être enlevées, la Compagnie sera tenue d'en prendre soin, pour la nuit, moyennant la perception d'une indemnité de 05 c. par 100 kilogrammes pour toutes marchandises autres que bois et métaux.

## ARTICLE 16.

### Marchandises débarquées en dehors du Dock.

Les marchandises débarquées en dehors du Dock, ou provenant des magasins particuliers, que le commerce se proposera de mettre en entrepôt, devront être annoncées au moins quarante-huit heures à l'avance à l'administration, au moyen d'une commande énonçant le nom et le pavillon du navire importateur, le nombre de colis, l'espèce, et, autant que possible, le poids de la marchandise. A défaut de cet avertissement dans le délai indiqué, la Compagnie n'encourra aucune responsabilité à raison du retard qu'éprouverait l'emmagasinement des marchandises.

Le commerce sera également tenu, dans le cas où la marchandise viendrait à recevoir une autre destination, d'en informer l'administration dans les quarante-huit heures de l'avertissement sus-énoncé, et ce, sous peine d'avoir à payer à la Compagnie un demi-mois de magasinage, afin de l'indemniser du non-emploi des locaux réservés.

La Compagnie ne sera responsable des poids et quantités déclarées des marchandises en vrac ou en grenier amenées ainsi de l'extérieur dans l'entrepôt, et ne sera tenue de délivrer de warrants, qu'autant qu'elle aura été mise en mesure, par une commande du propriétaire, de procéder à la reconnaissance de ces marchandises. Dans ce cas, il lui sera alloué, pour les frais de ces réceptions, une indemnité équivalente à la moitié du simple droit de mise en entrepôt. A défaut de cette reconnaissance réclamée à l'entrée dans le Dock, les warrants qui seront demandés après emmagasinement des marchandises donneront lieu à un droit de reconnaissance égal à l'ensemble des droits fixés au tarif pour manutention extra.

La Compagnie fera conditionner d'office, aux frais du propriétaire, après avis par écrit donné au commissaire spécial du commerce, les colis qui ne seraient pas convenablement conditionnés à leur entrée dans le Dock.

Ces frais de conditionnement ne devant porter que sur les colis, particulièrement reconnus en mauvais état, seront payés, par chaque colis conditionné, au double du droit fixé suivant l'espèce de marchandise, à l'article du tarif conçu comme suit : *Recevoir du navire, surveiller, etc., sans échantillonner*

## ARTICLE 17.

### Manutention.

Les manutentions consistent notamment dans les opérations suivantes :

1° Débarquement (au compte du navire), désarrimage à bord, mise à terre et arrimage sous les hangars.

2° Livraison sur le quai (au compte du navire), pesage, lotissement par marque d'origine ou par classification du tarif de douane, classement des avaries, remise de note de poids détaillé.

NOTA. Le délai pour la remise des notes de poids ne devra pas dépasser vingt-quatre heures, à partir du moment de la vérification terminée.

3° Transport et mise en entrepôt.
Transport du quai à l'intérieur du Dock et arrimage.

4° Mise en entrepôt des marchandises débarquées en dehors du Dock.
Simple arrimage.

5° Livraison à la sortie avec pesage.
Désarrimage, pesage, disposition pour l'arbitrage et la réception par l'acheteur, s'il y a lieu

6° Livraison et sortie des magasins.
Mêmes opérations sans pesage.

7° Manutention extra.
Arrimage, pesage, désarrimage.

8° Toutes opérations et fournitures de tonnellerie et voilerie.

9° Lestage de navires.
Mise à bord du lest sans fournitures de mannes ni de matériaux, au prix de 70 centimes par mètre cube.

10° Chargement des navires.
Mise à bord et arrimage des marchandises sur navires chargeant dans le Dock.
(50 pour 100 en sus des prix de débarquement.)

## ARTICLE 18.

### Bases des tarifs, minimum de perception.

Toutes les manutentions seront payées à la Compagnie, conformément aux tarifs établis à la suite du présent règlement.

Les prix du tarif des manutentions, autres que celles de tonnellerie et de voilerie, sont établis par 100 kilogrammes par hectolitre et au nombre, sans fractionnement, et calculés sur le poids brut [1].

Les colis d'un poids indivis au-dessus de 1500 kilog. jusqu'à 3000 kilog. payeront double droit ; au-dessus de 3000 kilog., on traitera de gré à gré, de même que pour les colis qui auront plus de 6 mètres de long.

[1] Dans le cas de manutention sans pesage, le poids, pour la perception des droits, sera établi sur la moyenne de la partie.

Les prix du tarif de conditionnement de tonnellerie et de voilerie sont établis par colis.

Le produit de chaque opération, à l'exception du débarquement et des livraisons sur le quai, ne pourra descendre au-dessous des prix ci-après :

| | POUR 1 OU 2 COLIS. | AU-DESSUS DE 2 COLIS. |
|---|---|---|
| Minimum d'une manutention avec pesage. . . . . . . . . . . . . . . . . . . . . . . . . . . | 1 » | 2 » |
| — — sans pesage. . . . . . . . . . . . . . . . . . . . . . . . . . . | 0 50 | 1 » |
| Minimum d'un travail de tonnellerie ou de voilerie. . . . . . . . . . . . . . . . . . . . . | 0 50 | 0 75 |

Les marchandises pour lesquelles la tarification des manutentions de simple main-d'œuvre n'a été prévue qu'en colis, et qui arriveraient en grenier, payeront 25 pour 100 en plus du droit fixé pour la manutention en colis.

Les frais de toute nature seront payés au comptant après chaque opération.

Les frais de débarquement et de livraison sur le quai sont dus solidairement par le capitaine et le consignataire, et, à défaut du consignataire, par le courtier.

Tous les autres frais sont dus par le propriétaire de la marchandise.

### ARTICLE 19.

**Indivisibilité des droits établis par chaque opération.**

Les droits tarifés pour chaque opération sont indivisibles ; en conséquence, le commerce aura à les payer intégralement, conformément à la commande, qu'il fasse opérer en totalité ou en partie seulement les opérations comprises dans les subdivisions du tarif.

Néanmoins, pour les frais de livraison sur le quai, les prix établis seront réduits de 25 pour 100, lorsqu'il n'y aura pas de pesage pour les marchandises en colis, et de 40 pour 100, lorsqu'il n'y aura ni pesage, ni comptage pour les marchandises en vrac.

Tout travail commencé et interrompu par un ordre contraire donnera lieu à la perception :

1° Du droit applicable à la partie du travail accompli ;

2° A une indemnité proportionnelle à la part de travail qui aurait pu être exécuté pendant le reste de la journée.

### ARTICLE 20.

**Commandes du commerce. — Travaux exécutés d'office.**

Les opérations de manutention et de conditionnement ne seront généralement exécutées que sur commande expresse.

Toutefois, dans l'intérêt du commerce, et à raison des obligations qui incombent à la Compagnie, aux termes de l'article 15, elle sera tenue de faire exécuter d'office :

1° Les conditionnements à bord ou sur le quai pour le compte des navires, conformément à l'usage, en prévenant le capitaine ou le second ;

2° Les opérations de tonnellerie et de voilerie désignées comme suit :

*Recevoir du navire, surveiller l'avarie avec conditionnement d'usage ;*

*Surveiller le désarrimage à la livraison ou à la sortie.*

Néanmoins, à l'égard de la réception au navire, la Compagnie n'aura pas à exercer cette surveillance, et elle ne fera que les opérations de tonnellerie et de voilerie exigées par la Douane, quand le propriétaire de la marchandise aura remis, avant le débarquement, une commande de ne pas surveiller la réception, déchargeant ainsi la Compagnie de toute responsabilité à ce sujet.

Dans le cas où, avant le débarquement, il sera donné par le propriétaire de la marchandise un bon de commande pour exécuter un conditionnement complet d'expédition immédiate, il ne sera rien dû pour recevoir du navire, surveiller l'avarie, avec conditionnement d'usage. La Compagnie percevra seulement, dans ce cas, le prix fixé au tarif pour le conditionnement d'expédition.

3° Sera également exécuté d'office tout conditionnement spécial que réclamerait la Douane, ou celui qu'exigerait la mise en bon état des colis à leur entrée dans le Dock ou pendant leur séjour en magasin. Dans ces deux derniers cas, avis serait donné par écrit au commissaire spécial du commerce.

## ARTICLE 21.

### Exécution des commandes à tour de rôle.

Les ordres ou commandes du commerce seront exécutés à tour de rôle, dans les délais ci-après indiqués, sauf impossibilité résultant de force majeure.

Les travaux commandés le matin, avant onze heures, commenceront dans l'après-midi du même jour.

Ceux commandés le soir, une heure avant la cessation du travail dans les magasins, commenceront dans la matinée du lendemain. Le service du Dock fera mention sur les commandes de livraison de l'heure à laquelle le travail devra commencer.

Les commandes du vendeur et de l'acheteur devront être déposées simultanément, et les opérations de livraison commenceront à l'heure indiquée par le Dock, sans qu'il y ait lieu d'attendre la présence des intéressés.

## ARTICLE 22.

### Commandes d'urgence.

Sur un ordre exprès et motivé du négociant, la Compagnie fera, sans pouvoir d'ailleurs interrompre les opérations courantes, procéder immédiatement aux travaux déclarés d'urgence, lesquels donneront lieu à la perception du droit fixé par le tarif, augmenté de 50 pour 100.

## ARTICLE 23.

### Magasinage.

Le magasinage courra, pour la partie entière, du jour de l'entrée des premiers colis en entrepôt; il sera établi sur le poids brut des colis, et payé comptant à la sortie des marchandises.

Les marchandises séjournant en magasin, de un à quinze jours, payeront le demi-mois ; au delà de quinze jours, elles payeront le mois entier, et ainsi de suite.

Le payement des droits de magasinage dus pour les mois entiers échus au 31 décembre, pourra être réclamé à chaque entrepositaire.

En cas de transfert, les frais de magasinage ne seront au compte du nouveau propriétaire qu'à l'expiration de la quinzaine courante.

Les prix sont établis par 100 kilogrammes, par hectolitre, par mètre cube, au nombre, et par 1,000 francs de valeur, n'admettant pas de fractionnement.

Les marchandises venant de l'extérieur, et retirées dans les vingt-quatre heures de leur entrée et avant leur mise en magasin, ne payeront pas le droit de magasinage, mais seront soumises au tiers du droit de mise en entrepôt.

## ARTICLE 24.

### Droit de stationnement imposé aux marchandises laissées sous les hangars ou dans les cours après leur vérification.

Un droit de stationnement est dû dans les cas ci-après :

1° Pour les marchandises qui, disposées pour la vérification de Douane, d'après un bon de commande, ne seraient pas aussitôt présentées à cette vérification, auquel cas avis par écrit en serait donné au commissaire spécial du commerce ;

2° Pour les marchandises qui ne seraient pas enlevées dans les vingt-quatre heures après leur vérification en douane, vente publique ou conditionnement.

Ce droit de stationnement sera payé conformément au tarif suivant :

| | | | | |
|---|---|---|---|---|
| 1° Marchandises | en boucauts et barriques | 20 | c. par colis | et par jour. |
| 2° — | en tierçons | 12 | — | — |
| 3° — | en quarts et frequins | 8 | — | — |
| 4° — | en balles | 10 | — | — |
| 5° — | en sacs, surons, pagas et robins | 4 | — | — |
| 6° — | fardeaux et paquets de fanons | 10 | — | — |
| 7° Caisses de sucre Brésil | | 25 | — | — |
| 8° — | Havane | 10 | — | — |
| 9° Autres caisses au-dessous de 200 kilogrammes | | 10 | — | — |
| 10° Bois et métaux | | 3 | p. 100 kil. | et par jour. |
| 11° Toutes marchandises en vrac et autres non dénommées | | 7 | — | — |

Indépendamment du droit que se réserve la Compagnie, afin d'éviter un encombrement préjudiciable à tous les intérêts, d'emmagasiner d'office, aux frais du propriétaire, toutes marchandises qui auraient séjourné plus de trois jours sous les hangars ou dans les cours, à partir du moment de la vérification, vente publique ou conditionnement.

Toute nouvelle opération de manutention ou de conditionnement demandée après la disposition de la marchandise pour la sortie, et qui, par ce fait, donnerait lieu à un retard d'enlèvement, n'exempterait pas la marchandise du droit de stationnement, à moins que l'opération demandée ne doive s'appliquer à la totalité de la partie.

Sont affranchies du droit de stationnement les marchandises retenues par le fait seul de la Douane.

## ARTICLE 25.

### Marchandises avariées. — Ventes publiques.

Après constatation de leur état par le service des Douanes, les marchandises avariées seront transportées sous un hangar du Dock affecté aux ventes publiques.

Les frais occasionnés par ce transport, le lotissement et la livraison, à la charge du consignataire, seront équivalents aux droits fixés au tarif pour *transport et arrimage*, et *pesage extra* des marchandises débarquées dans le Dock.

Les marchandises provenant des magasins du Dock, et disposées pour la vente publique, seront passibles des mêmes droits.

Ne payeront que les deux tiers de ces droits :

1° Les marchandises vendues devant les magasins d'où elles seront sortis ;

2° Celles venant du dehors du Dock.

Les frais de vente publique, à la sortie du navire, sont indépendants de ceux de livraison sur le quai ; et, à la sortie des magasins, de ceux de désarrimage, ainsi que des frais de conditionnement nécessités par l'état de la marchandise.

En outre, les marchandises venant des quais du Dock ou du dehors pour être vendus publiquement payeront un droit de mise à couvert équivalent au droit de magasinage.

Les commandes de disposition et de lotissement pour les ventes publiques devront être remises au Dock au moins quarante-huit heures avant le jour fixé pour la vente.

## ARTICLE 26.

### Transferts.

Les transferts ont lieu sur un ordre écrit du cédant, accepté par le cessionnaire.

Les tranferts sans déplacement de la marchandise payeront un droit de 20 centimes par 1000 kilogrammes, sans que le montant dudit droit puisse s'élever à plus de 5 francs, ni descendre au-dessous de 1 franc.

Tous les frais relatifs aux transferts sont à la charge du cédant.

Les frais de magasinage ne courront au compte du cessionnaire qu'à partir de l'expiration de la quinzaine courante, ainsi qu'il a été dit à l'article 23.

### ARTICLE 27.

**Opérations en Douane.**

La Compagnie se charge de remplir en Douane, pour le compte des négociants et en leur nom, lorsqu'elle y sera autorisée par pouvoirs spéciaux et réguliers, qui seront déposés entre les mains de la Douane, toutes les formalités applicables à l'entrée et à la sortie des marchandises.

Elle se chargera, si bon lui semble, d'acquitter les droits de Douane et se remboursera au domicile des négociants. Toutefois, elle se réserve de cesser son intervention pour ce dernier cas, à l'égard des personnes qui n'acquitteraient pas exactement à présentation les quittances de Douane, ces quittances dussent-elles contenir des erreurs; elle se fonde sur ce que toute rectification ne peut être faite que par voie de réclamation officielle, et que les retards assez longs qui peuvent en résulter ne doivent, dans aucun cas, préjudicier à la Compagnie, les quittances n'étant pas faites par ses agents, mais par les employés de l'administration des Douanes.

La Compagnie s'engage à faire les réclamations nécessaires près de ladite administration, afin de presser la rentrée des fonds qui auraient été indûment perçus, comme aussi de suivre toutes les réclamations quelconques relatives aux opérations de douane.

Ces divers services sont payés par le commerce, conformément au tarif.

### ARTICLE 28.

**Défense d'entrer dans les magasins. — Visite des marchandises.**

Nul n'est admis dans les magasins du Dock s'il n'est porteur d'une autorisation du chef du Dock ou d'un ordre écrit du propriétaire de la marchandise.

Des cartes d'entrée personnelles seront délivrées à tous les négociants et courtiers de la place, et aux agents désignés par eux.

Aucune visite, ouverture de colis, échantillonnage ou autre manutention à l'intérieur ne sont faits que sur un ordre spécial écrit du propriétaire de la marchandise.

Les opérations de ce genre qui ne sont pas spécialement tarifées donneront lieu à l'application du tarif de manutentions imprévues.

### ARTICLE 29.

**Marchandises dangereuses.**

Ne pourront être admises dans le Dock, que dans des magasins spéciaux, toutes marchandises *dangereuses* ou *hasardeuses*, telles que spiritueux, soufre, guano, étoupes goudronnées, brai, goudron, résine, térébenthine, etc.

### ARTICLE 30.

**Ramassage et balayures.**

Les marchandises provenant des sondages, débourrages, ramassages, celles échappées des colis et qui n'auront pu y être réintégrées, seront remises au commerce, qui aura à payer les frais de ramassage et fourniture de sacs, s'il y a lieu.

Les balayures de magasin qui ne pourront être spécialement attribuées à une partie de marchandises seront recueillies par les soins de la Compagnie et resteront à sa disposition.

## ARTICLE 31.

**Refus d'acquitter les droits de magasinage et autres réclamés par la Compagnie.**

Les marchandises déposées dans le Dock pourront être retenues par la Compagnie en garantie des frais de magasinage, de manutention ou autres, dus à la Compagnie, et que le propriétaire aurait refusé d'acquitter.

Toutefois, en cas de contestation sur le montant des frais réclamés par la Compagnie, et jusqu'à ce qu'elle se soit mise d'accord à l'amiable ou judiciairement avec le propriétaire de la marchandise, celui-ci pourra en disposer moyennant le dépôt de la somme réclamée, fait par lui, sous toutes réserves, entre les mains de la Compagnie.

Seront considérées comme nulles toutes les réclamations au sujet des frais qui ne seront pas adressées par écrit à la Compagnie dans les huit jours de la remise des quittances.

## ARTICLE 32.

**Récépissés ou warrants transférables par voie d'endossement.**

La Compagnie délivrera aux Entrepositaires qui en feront la demande des récépissés ou warrants pour les marchandises déposées sous leur nom dans les magasins du Dock.

Ces récépissés ou warrants, transférables par voie d'endossement, seront délivrés dans la forme et sous les conditions déterminées par les décrets et arrêtés des 21 et 26 mars 1848 (loi du 3 août 1848).

Chaque partie de marchandise pourra être fractionnée en autant de lots que les Entrepositaires le désireront, et il sera délivré un récépissé ou warrant pour chaque lot.

La Compagnie sera tenue de représenter à toute réquisition, au porteur du récépissé ou warrant, les marchandises qui en font l'objet.

Tout porteur de récépissé régulièrement endossé, aura droit à l'échanger contre un ou plusieurs récépissés ou warrants délivrés en son nom. Il ne sera exigé aucuns frais par la Compagnie du Dock pour la délivrance des récépissés ou de leurs coupures.

Chaque cession par endossement d'un récépissé ou warrant sera déclarée à la Compagnie, qui l'inscrira sur un registre spécial.

## ARTICLE 33.

**Délivrance des bulletins d'entrée.**

La Compagnie sera tenue de délivrer sur la demande qui lui en sera faite, à tout propriétaire de marchandises déposées dans le Dock, moyennant la perception d'un droit fixe de 50 centimes, un *Bulletin d'entrée*, signé par un agent du Dock délégué à cet effet.

Ce Bulletin d'entrée devra porter les indications suivantes :

Le numéro et la date d'entrée de la marchandise dans le Dock ;

Le nom du propriétaire et du navire importateur ;

Les marques, le nombre et l'espèce de colis, et la nature des marchandises ;

Le poids brut reconnu ou annoncé ;

Le lieu d'emplacement de la marchandise dans le Dock.

La livraison des marchandises pour lesquelles il aura été délivré un Bulletin d'entrée ne pourra avoir lieu que contre la représentation de ce Bulletin, sur lequel les ordres de sorties totales ou partielles seront signés par le propriétaire. Ces ordres de sortie seront disposés, sur le Bulletin d'entrée, de manière à être détachés et conservés par la Compagnie à titre de décharge pour la marchandise enlevée.

Qu'il y ait ou non délivrance du Bulletin d'entrée, la sortie des marchandises ne pourra avoir lieu que contre la remise d'un Bulletin de décharge.

## ARTICLE 34.

**Comptes courants de frais arrêtés par mois.**

Pour accélérer, dans l'intérêt du commerce, l'ensemble des opérations du Dock, qui peuvent être retardées ou interrompues par l'acquittement préalable, exigé par la Compagnie, des frais encourus par la marchandise, la Compagnie ouvrira des comptes courants aux négociants qui feront les versements nécessaires à cet effet.

Dans ce cas, le commerce pourra disposer de ses marchandises, sans qu'il y ait lieu d'attendre la liquidation des frais. Les notes seront remises à domicile, dès le lendemain des opérations, et le compte courant sera balancé à la fin de chaque mois.

SECONDE PARTIE

# TARIFS

# TARIF DES MANUTENTIONS

## CAS IMPRÉVUS, BULLETINS DE POIDS ET DROITS DE BUREAU.

| DÉSIGNATION DES MARCHANDISES. | TARIF DES MANUTENTIONS PAR 100 KILOG. | | | | | | | | | TARIF de Magasinage par mois et par 100 kilog. — TARIF de la ville. |
|---|---|---|---|---|---|---|---|---|---|---|
| | Débarquement et mise sous hangar. | Livraison ou reconnaissance sur le quai avec pesage, mesurage ou comptage | Transport et mise en Entrepôt des Marchandises débarquées dans le Dock. | Mise en Entrepôt des Marchandises débarquées en dehors du Dock. | LIVRAISONS à la sortie DES MAGASINS: avec pesage, mesurage ou comptage | LIVRAISONS à la sortie DES MAGASINS: sans pesage, ni mesurage ou comptage | MANUTENTIONS EXTRA: Arrimage | MANUTENTIONS EXTRA: Désarrimage. | MANUTENTIONS EXTRA: Pesage. | |
| ACIDES en fûts | » 08 | » 12 | » 27 | » 15 | » 15 | » 10 | » 10 | » 08 | » 05 | » 10 |
| Do en jarres | » 12 | » 20 | » 30 | » 15 | » 15 | » 12 | » 10 | » 08 | » 05 | |
| ACIER en fûts ou en caisses | » 08 | » 12 | » 20 | » 10 | » 10 | » 07 | » 07 | » 06 | » 05 | » 10 |
| Do en barres et en vrac | » 08 | » 09 | » 25 | » 10 | » 12 | » 08 | » 08 | » 05 | » 06 | » 10 |
| AGATE brute | » 08 | » 10 | » 19 | » 08 | » 09 | » 05 | » 06 | » 04 | » 04 | » 05 |
| Do ouvrée | » 20 | » 50 | » 60 | » 30 | » 50 | » 30 | » 25 | » 20 | » 20 | » 40 |
| AGARIC | » 11 | » 20 | » 35 | » 20 | » 25 | » 20 | » 15 | » 10 | » 08 | » 25 |
| AIGUILLES | » 20 | » 50 | » 60 | » 30 | » 50 | » 30 | » 25 | » 20 | » 20 | 1 » |
| ALBATRE en blocs | » 10 | » 05 | » 20 | » 08 | » 11 | » 05 | » 07 | » 05 | » 05 | » 05 |
| Do ouvré | » 20 | » 50 | » 60 | » 30 | » 50 | » 30 | » 25 | » 20 | » 20 | » 50 |
| ALIZARIS | » 10 | » 16 | » 30 | » 15 | » 15 | » 10 | » 12 | » 07 | » 06 | » 20 |
| ALOÈS | » 10 | » 13 | » 22 | » 10 | » 12 | » 08 | » 08 | » 06 | » 06 | » 25 |
| ALUN | » 09 | » 10 | » 20 | » 10 | » 11 | » 07 | » 07 | » 05 | » 05 | » 10 |
| AMANDES en balles et barils | » 10 | » 18 | » 30 | » 15 | » 15 | » 10 | » 12 | » 08 | » 07 | en coques. » 20<br>sans coques. » 15 |
| AMBRE brut | » 11 | » 20 | » 35 | » 20 | » 30 | » 20 | » 15 | » 10 | » 08 | 1 » |
| Do ouvré | » 20 | » 50 | » 60 | » 30 | » 50 | » 30 | » 25 | » 20 | » 20 | par 1000 fr. de valeur. » 50 |
| AMBRETTE | » 10 | » 16 | » 30 | » 15 | » 15 | » 10 | » 12 | » 08 | » 07 | » 20 |
| AMIDON | » 10 | » 16 | » 30 | » 15 | » 15 | » 10 | » 12 | » 08 | » 07 | » 30 |
| ANANAS | » 12 | » 20 | » 35 | » 20 | » 25 | » 20 | » 15 | » 12 | » 08 | » 20 |
| ANCRES | » 10 | » 09 | » 25 | » 10 | » 12 | » 06 | » 08 | » 06 | » 06 | » 05 |
| ANIS étoilé et ordinaire | » 10 | » 18 | » 30 | » 15 | » 16 | » 10 | » 12 | » 07 | » 06 | Étoilé, » 40<br>Ordinaire. » 20 |

| DÉSIGNATION DES MARCHANDISES. | TARIF DES MANUTENTIONS PAR 100 KILOG. | | | | | | | | | TARIF de Magasinage par mois et par 100 kilog — TARIF de la ville. |
|---|---|---|---|---|---|---|---|---|---|---|
| | Débarquement et mise sous hangar. | Livraison ou reconnaissance sur le quai avec pesage, mesurage ou comptage | Transport et mise en Entrepôt des Marchandises débarquées dans le Dock. | Mise en Entrepôt des Marchandises débarquées en dehors du Dock. | LIVRAISONS à la sortie DES MAGASINS | | MANUTENTIONS EXTRA | | | |
| | | | | | avec pesage, mesurage ou comptage | sans pesage, ni mesurage ou comptage | Arrimage | Désarrimage. | Pesage. | |
| ANTIMOINE | » 08 | » 10 | » 19 | » 08 | » 09 | » 05 | » 06 | » 04 | » 05 | » 10 |
| ANSPECTS (de gré à gré) | | | | | | | | | | la pièce » 02½ |
| ARACHIDES en sacs ou en fûts | » 09 | » 12 | » 22 | » 10 | » 15 | » 12 | » 07 | » 05 | » 05 | » 10 |
| Do en grenier (1) | » 12 | » 16 | » 22 | » 10 | » 15 | » 12 | » 07 | » 05 | » 05 | |
| ARDOISES (2) | » 15 | » 08 | » 35 | » 15 | » » | » 10 | » 10 | » 07 | » » | » 10 |
| ARGENTERIE | » 50 | » 50 | » 60 | » 30 | » 50 | » 30 | » 25 | » 20 | » 20 | par 1000 fr. de valeur. 0 50 |
| ARGENT vif | » 10 | » 18 | » 32 | » 20 | » 20 | » 15 | » 16 | » 10 | » 10 | 0 35 |
| ARMES | » 10 | » 17 | » 30 | » 17 | » 20 | » 15 | » 12 | » 09 | » 10 | » 30 |
| ARROW-ROOT | » 10 | » 18 | » 30 | » 15 | » 20 | » 15 | » 15 | » 10 | » 07 | » 40 |
| ARSENIC | » 09 | » 15 | » 20 | » 10 | » 12 | » 07 | » 07 | » 05 | » 05 | » 15 |
| ASPHALTE en blocs ou en fûts | » 08 | » 07 | » 18 | » 08 | » 09 | » 07 | » 06 | » 05 | » 05 | » 02¼ |
| ASSA-FOETIDA | » 11 | » 20 | » 35 | » 20 | » 30 | » 20 | » 15 | » 10 | » 08 | » 40 |
| AVELANÈDES | » 10 | » 18 | » 35 | » 20 | » 30 | » 20 | » 15 | » 10 | » 08 | » 10 |
| AVIRONS (de gré à gré) | | | | | | | | | | la pièce » 05 |
| AZUR | » 10 | » 18 | » 30 | » 15 | » 15 | » 10 | » 12 | » 07 | » 06 | » 15 |
| BABLAH | » 10 | » 16 | » 22 | » 10 | » 12 | » 08 | » 07 | » 07 | » 06 | » 10 |
| BADIANE | » 10 | » 18 | » 30 | » 15 | » 16 | » 10 | » 12 | » 07 | » 06 | » 15 |
| BAMBOUS | » 14 | » 17 | » 30 | » 17 | » 20 | » 10 | » 12 | » 09 | » 10 | » 30 |
| BANANES | » 10 | » 18 | » 32 | » 18 | » 20 | » 15 | » 15 | » 10 | » 07 | » 20 |
| BAUMES du Pérou, copahu et tolu en fûts | » 10 | » 20 | » 30 | » 15 | » 20 | » 15 | » 12 | » 08 | » 08 | » 60 |
| Do en canastres ou jarres | » 20 | » 30 | » 50 | » 30 | » 35 | » 20 | » 25 | » 15 | » 20 | |
| BENJOIN | » 11 | » 20 | » 45 | » 30 | » 30 | » 20 | » 15 | » 10 | » 08 | » 40 |
| BEURRE | » 09 | » 12 | » 22 | » 10 | » 12 | » 08 | » 08 | » 05 | » 05 | » 20 |
| BIÈRE en fûts (3) | » 08 | » 12 | » 27 | » 15 | » 15 | » » | » 10 | » 08 | » 06 | l'hectol. » 20 |
| Do en caisses | » 15 | » 25 | » 35 | » 20 | » 25 | » » | » 20 | » 10 | » 10 | l'hectol. » 30 |
| BIJOUTERIE fausse | » 20 | » 50 | » 60 | » 30 | » 50 | » 30 | » 25 | » 20 | » 20 | 1 » |
| Do fine | » 20 | » 50 | » 60 | » 30 | » 50 | » 30 | » 25 | » 20 | » 20 | par 1000 fr. de valeur. » 50 |
| BIMBELOTERIE | » 15 | » 25 | » 40 | » 20 | » 25 | » 20 | » 15 | » 10 | » 15 | » 40 |

(1) Mise en sacs et mesurage compris ; à compter en plus la fermeture des sacs. (*Voir* Tarif de voilerie.)
(2) Sans responsabilité de casse.
(3) Les prix pour les liquides en fûts sont calculés à l'hectolitre.

| DÉSIGNATION DES MARCHANDISES. | TARIF DES MANUTENTIONS PAR 100 KILOG. | | | | | | | | | TARIF de Magasinage par mois et par 100 kilog. — TARIF de la ville. |
|---|---|---|---|---|---|---|---|---|---|---|
| | Débarquement et mise sous hangar. | Livraison ou reconnaissance sur le quai avec pesage, mesurage ou comptage | Transport et mise en Entrepôt des Marchandises débarquées dans le Dock. | Mise en Entrepôt des Marchandises débarquées en dehors du Dock. | LIVRAISONS à la sortie DES MAGASINS — avec pesage, mesurage ou comptage | LIVRAISONS à la sortie DES MAGASINS — sans pesage, ni mesurage ou comptage | MANUTENTIONS EXTRA — Arrimage | MANUTENTIONS EXTRA — Désarrimage. | MANUTENTIONS EXTRA — Pesage. | |
| BISCUITS de mer | » 10 | » 18 | » 32 | » 18 | » 18 | » 12 | » 12 | » 10 | » 07 | » 10 |
| BISMUTH | » 10 | » 12 | » 20 | » 10 | » 12 | » 07 | » 07 | » 05 | » 05 | » 20 |
| BLANC de baleine | » 10 | » 16 | » 30 | » 16 | » 20 | » 15 | » 15 | » 10 | » 07 | » 40 |
| BLANC de zinc et de plomb | » 08 | » 12 | » 20 | » 10 | » 11 | » 07 | » 07 | » 05 | » 05 | » 30 |
| BLANC d'Espagne | » 08 | » 12 | » 20 | » 10 | » 11 | » 07 | » 07 | » 05 | » 05 | » 20 |
| BLÉ en sacs | » 08 | » 09 | » 19 | » 08 | » 09 | » 05 | » 06 | » 04 | » 04 | » 05 |
| BLÉ en grenier (1) et laissé en grenier | » 15 | » 05 | » 19 | » 08 | » 15 | » 08 | » 06 | » 04 | » 04 | |
| BLEU de Prusse | » 12 | » 18 | » 50 | » 30 | » 35 | » 20 | » 25 | » 15 | » 20 | » 30 |
| BOEUF salé en colis | » 09 | » 12 | » 22 | » 10 | » 12 | » 08 | » 08 | » 06 | » 06 | » 15 |
| BOIS d'ébénisterie (2) | » 09 | » 11 | » 20 | » 09 | » 09 | » 03 | » 07 | » 03 | » 06 | à couvert » 10 |
| Do de teinture en bûches | » 07 | » 09 | » 19 | » 08 | » 08 | » 04 | » 06 | » 03 | » 05 | |
| Do de Fustet, Nicaragua, Brésil, etc et autres menus bois | » 10 | » 12 | » 22 | » 10 | » 12 | » 07 | » 08 | » 05 | » 06 | à découvert » 02½ |
| Do de construction | » 09 | » 08 | » 19 | » 08 | » 09 | » 04 | » 07 | » 03 | » 06 | |
| BOMBES et boulets | » 08 | » 09 | » 25 | » 10 | » 12 | » 08 | » 08 | » 06 | » 06 | » 10 |
| BORAX | » 10 | » 12 | » 30 | » 15 | » 15 | » 10 | » 12 | » 07 | » 06 | » 15 |
| BOUCHONS de Liége | » 12 | » 20 | » 35 | » 20 | » 30 | » 20 | » 15 | » 10 | » 08 | » 50 |
| BOUGIES | » 12 | » 16 | » 30 | » 16 | » 20 | » 15 | » 15 | » 10 | » 07 | » 50 |
| BOURRE de soie, balles pressées | » 12 | » 18 | » 21 | » 10 | » 12 | » 08 | » 08 | » 05 | » 05 | » 50 |
| Do non pressées | » 12 | » 22 | » 25 | » 12 | » 14 | » 09 | » 09 | » 06 | » 06 | |
| BOUTEILLES vides en grenier (sans responsabilité de casse) | » 15 | » 20 | » 45 | » 25 | » » | » 15 | » 20 | » 10 | » 10 | le 100 en moutre. » 20 |
| BRAI | » 07 | » 09 | » 18 | » 08 | » 09 | » 05 | » 06 | » 04 | » 05 | à couvert » 10 à découvert » 05 |
| BROME | » 09 | » 12 | » 20 | » 10 | » 12 | » 08 | » 07 | » 05 | » 05 | » 30 |
| BROU (écorce de noix) | » 10 | » 18 | » 30 | » 15 | » 15 | » 10 | » 12 | » 07 | » 06 | » 15 |
| CACAO en sacs et en fûts | » 10 | » 14 | » 22 | » 10 | » 12 | » 08 | » 07 | » 04 | » 05 | » 15 |
| CACHEMIRES | » 20 | » 50 | » 60 | » 30 | » 50 | » 30 | » 25 | » 20 | » 20 | 1 50 |
| CABLES de chanvre | » 10 | » 09 | » 22 | » 10 | » 12 | » 08 | » 08 | » 06 | » 06 | » 15 |

(1) Mise en sacs et mesurage compris au débarquement et à la sortie des magasins, non compris la fermeture des sacs. (Voir Tarif de voilerie.)

(2) Compris le marquage au débarquement, s'il y a lieu.

| DÉSIGNATION DES MARCHANDISES. | TARIF DES MANUTENTIONS PAR 100 KILOG. | | | | | | | | | TARIF de Magasinage par mois et par 100 kilog. — TARIF de la ville. |
|---|---|---|---|---|---|---|---|---|---|---|
| | Débarquement et mise sous hangar. | Livraison ou reconnaissance sur le quai avec pesage, mesurage ou comptage | Transport et mise en Entrepôt des Marchandises débarquées dans le Dock. | Mise en Entrepôt des Marchandises débarquées en dehors du Dock. | LIVRAISONS à la sortie DES MAGASINS | | MANUTENTIONS EXTRA | | | |
| | | | | | avec pesage, mesurage ou comptage | sans pesage, ni mesurage ou comptage | Arrimage | Désarrimage. | Pesage. | |
| CACHOU (1) | » 08 | » 11 | » 20 | » 09 | » 12 | » 08 | » 08 | » 05 | » 05 | » 15 |
| CAFÉ en sacs et en fûts | » 10 | » 14 | » 22 | » 10 | » 12 | » 08 | » 07 | » 04 | » 05 | » 15 |
| CALAGUALA | » 10 | » 20 | » 35 | » 20 | » 30 | » 20 | » 15 | » 10 | » 08 | » 30 |
| CAMPHRE brut et raffiné | » 10 | » 16 | » 35 | » 20 | » 25 | » 20 | » 15 | » 10 | » 08 | brut » 40 / raffiné » 50 |
| CANNELLE | » 11 | » 20 | » 35 | » 20 | » 30 | » 20 | » 15 | » 10 | » 08 | » 60 |
| CANONS | » 08 | » 09 | » 25 | » 10 | » 12 | » 08 | » 08 | » 06 | » 06 | » 05 |
| CANTHARIDES | » 11 | » 20 | » 35 | » 20 | » 30 | » 20 | » 15 | » 10 | » 08 | » 60 |
| CAOUTCHOUC en colis et en grenier | » 10 | » 18 | » 22 | » 10 | » 12 | » 08 | » 08 | » 05 | » 05 | » 30 |
| CARBONATES | » 09 | » 12 | » 20 | » 10 | » 12 | » 07 | » 07 | » 05 | » 05 | » 30 |
| CARDAMOMES | » 11 | » 20 | » 35 | » 20 | » 30 | » 20 | » 15 | » 10 | » 08 | » 40 |
| CARTHAME | » 12 | » 13 | » 22 | » 10 | » 12 | » 08 | » 08 | » 06 | » 06 | » 20 |
| CARMIN | » 20 | » 35 | » 50 | » 30 | » 35 | » 20 | » 25 | » 15 | » 20 | » 25 |
| CARILLONS et horlogerie | » 20 | » 50 | » 60 | » 30 | » 50 | » 30 | » 25 | » 20 | » 20 | 1 50 |
| CASCARILLE | » 11 | » 20 | » 35 | » 20 | » 30 | » 20 | » 15 | » 10 | » 08 | » 30 |
| CASSE | » 11 | » 20 | » 35 | » 20 | » 25 | » 15 | » 15 | » 10 | » 08 | » 25 |
| CASSIA LIGNEA | » 11 | » 20 | » 35 | » 20 | » 30 | » 20 | » 15 | » 10 | » 08 | » 30 |
| CÉRUSE | » 08 | » 12 | » 20 | » 10 | » 11 | » 07 | » 07 | » 05 | » 05 | » 06 |
| CÉVADILLE | » 10 | » 18 | » 30 | » 15 | » 20 | » 15 | » 12 | » 07 | » 06 | » 20 |
| CHAÎNES en fer | » 10 | » 09 | » 25 | » 10 | » 12 | » 08 | » 08 | » 06 | » 06 | à couvert » 04 / à découvert » 02 ½ |
| CHANDELLES de suif | » 10 | » 14 | » 25 | » 15 | » 15 | » 12 | » 12 | » 07 | » 06 | » 20 |
| D° stéariques | » 12 | » 16 | » 25 | » 15 | » 15 | » 12 | » 12 | » 07 | » 06 | » 30 |
| CHANVRES pressés | » 10 | » 12 | » 20 | » 09 | » 11 | » 07 | » 08 | » 05 | » 05 | » 07 ½ |
| D° non pressés ou en grenier | » 13 | » 18 | » 30 | » 15 | » 15 | » 10 | » 10 | » 06 | » 07 | » 15 |
| CHAPEAUX de paille | » 11 | » 20 | » 35 | » 20 | » 30 | » 20 | » 15 | » 10 | » 08 | 1 50 |
| CHALES et CRÊPES de Chine | » 20 | » 50 | » 60 | » 30 | » 50 | » 30 | » 25 | » 20 | » 20 | 1 50 |
| CHIFFONS en colis | » 09 | » 12 | » 20 | » 10 | » 12 | » 07 | » 07 | » 05 | » 05 | » 15 |
| CHROMATE de fer en fûts | » 08 | » 06 | » 17 | » 07 | » 09 | » 05 | » 06 | » 05 | » 05 | » 06 |
| D° de potasse | » 08 | » 10 | » 19 | » 08 | » 09 | » 06 | » 06 | » 05 | » 05 | » 25 |

(1) plus le décollage au débarquement.

| DÉSIGNATION DES MARCHANDISES. | TARIF DES MANUTENTIONS PAR 100 KILOG. Débarquement et mise sous hangar. | Livraison ou reconnaissance sur le quai avec pesagé, mesurage ou comptage | Transport et mise en Entrepôt des Marchandises débarquées dans le Dock. | Mise en Entrepôt des Marchandises débarquées en dehors du Dock. | LIVRAISONS à la sortie DES MAGASINS avec pesage, mesurage ou comptage | LIVRAISONS à la sortie DES MAGASINS sans pesage, ni mesurage ou comptage | MANUTENTIONS EXTRA Arrimage | MANUTENTIONS EXTRA Désarrimage. | MANUTENTIONS EXTRA Pesage. | TARIF de Magasinage par mois et par 100 kilog. — TARIF de la ville. |
|---|---|---|---|---|---|---|---|---|---|---|
| CIGARES en boîte (les 1000 en nombre) | » 15 | » 30 | » 25 | » 15 | » 20 | » 15 | » 15 | » 10 | » 15 | 2 » |
| D° en caisse | » 20 | » 35 | » 40 | » 20 | » 30 | » 20 | » 25 | » 15 | » 20 | |
| CIMENT en colis | » 07 | » 09 | » 19 | » 08 | » 09 | » 05 | » 06 | » 04 | » 05 | » 10 |
| CIRE animale en colis | » 12 | » 16 | » 24 | » 12 | » 14 | » 10 | » 08 | » 06 | » 06 | » 25 |
| CITRONS | » 10 | » 15 | » 28 | » 15 | » 15 | » 10 | » 12 | » 06 | » 06 | » 20 |
| CLOUS | » 08 | » 08 | » 20 | » 10 | » 10 | » 07 | » 07 | » 06 | » 05 | » 05 |
| COBALT | » 09 | » 12 | » 20 | » 10 | » 12 | » 07 | » 07 | » 05 | » 05 | » 15 |
| COCHENILLE en sacs et en surons | » 11 | » 20 | » 35 | » 20 | » 30 | » 20 | » 15 | » 10 | » 08 | 1 » |
| COCONS de soie | » 20 | » 50 | » 60 | » 30 | » 50 | » 30 | » 25 | » 20 | » 20 | » 60 |
| COCOS grands en colis | » 08 | » 10 | » 20 | » 09 | » 10 | » 07 | » 07 | » 05 | » 05 | » 60 |
| COCOS grands en vrac | » 10 | » 15 | » 40 | » 15 | » 15 | » 10 | » 10 | » 06 | » 06 | » 60 |
| D° petits en vrac (le mille en nomb.) | » 20 | » 32 | » 30 | » 15 | » 30 | » 10 | » | » | » | » 60 |
| COLLE de poisson | » 11 | » 20 | » 35 | » 20 | » 20 | » 10 | » 12 | » 09 | » 10 | 1 » |
| COLLE FORTE | » 10 | » 17 | » 30 | » 15 | » 15 | » 10 | » 10 | » 08 | » 07 | » 20 |
| CONFITURES | » 12 | » 20 | » 36 | » 21 | » 23 | » 17 | » 17 | » 12 | » 08 | » 40 |
| CONSERVES alimentaires | » 10 | » 18 | » 32 | » 18 | » 20 | » 15 | » 15 | » 10 | » 07 | marinées » 15 confites » 40 |
| COQUES du Levant | » 10 | » 18 | » 30 | » 15 | » 15 | » 10 | » 12 | » 07 | » 06 | » 20 |
| COQUILLAGES ordinaires | » 10 | » 17 | » 30 | » 15 | » 19 | » 10 | » 12 | » 09 | » 10 | » 08 |
| D° pour collection | » 50 | » 50 | » 50 | » 30 | » 35 | » 25 | » 20 | » 15 | » 15 | 1 50 |
| CORDAGES neufs ou goudronnés | » 10 | » 09 | » 22 | » 10 | » 12 | » 08 | » 08 | » 06 | » 06 | » 15 |
| D° vieux en vrac | » 12 | » 16 | » 22 | » 10 | » 12 | » 08 | » 08 | » 06 | » 06 | » 15 |
| CORAIL brut ou ouvré | » 20 | » 50 | » 60 | » 30 | » 50 | » 30 | » 25 | » 20 | » 20 | » 40 |
| CORIANDRE | » 10 | » 18 | » 30 | » 15 | » 16 | » 10 | » 12 | » 07 | » 06 | » 50 |
| CORNES de bœuf en vrac (1) | » 15 | » 20 | » 40 | » 15 | » 20 | » 12 | » 10 | » 06 | » 08 | » 10 |
| D° de buffle id. | » 10 | » 15 | » 40 | » 15 | » 15 | » 10 | » 10 | » 06 | » 06 | » 20 |
| COROZOS en colis | » 08 | » 10 | » 20 | » 09 | » 10 | » 07 | » 07 | » 05 | » 05 | » 20 |
| D° en vrac (le 1000 en nombre) | » 20 | » 32 | » 30 | » 15 | » 30 | » 10 | » | » | » | » 10 |
| COTONS pressés | » 09 | » 11 | » 19 | » 08 | » 10 | » 06 | » 07 | » 04 | » 05 | » 15 |

(1) Compris le comptage et pesage moyen. En plus les mannes au débarquement. — La compagnie ne répond du compte que sous la réserve d'une différence de 1 % pour les cornes de buffle et de 2 % pour les cornes de bœuf.

| DÉSIGNATION DES MARCHANDISES. | TARIF DES MANUTENTIONS PAR 100 KILOG. | | | | | | | | | TARIF de Magasinage par mois et par 100 kilog. — TARIF de la ville. |
|---|---|---|---|---|---|---|---|---|---|---|
| | Débarquement et mise sous hangar. | Livraison ou reconnaissance sur le quai avec pesage, mesurage ou comptage | Transport et mise en Entrepôt des Marchandises débarquées dans le Dock. | Mise en Entrepôt des Marchandises débarquées en dehors du Dock. | LIVRAISONS à la sortie DES MAGASINS | | MANUTENTIONS EXTRA | | | |
| | | | | | avec pesage, mesurage ou comptage | sans pesage, ni mesurage ou comptage | Arrimage | Désarrimage. | Pesage. | |
| COTONS non pressés | » 14 | » 20 | » 27 | » 13 | » 14 | » 09 | » 10 | » 06 | » 06 | » 20 |
| COUPEROSE | » 09 | » 10 | » 20 | » 08 | » 11 | » 07 | » 07 | » 05 | » 05 | » 10 |
| CRIBLES | » 08 | » 15 | » 25 | » 15 | » 15 | » 10 | » 10 | » 07 | » 06 | » 30 |
| CRINS pressés en balles, ballotins ou surons | » 11 | » 16 | » 20 | » 10 | » 11 | » 08 | » 08 | » 05 | » 05 | » 20 |
| D° non pressés | » 13 | » 18 | » 25 | » 12 | » 15 | » 10 | » 10 | » 06 | » 07 | » 30 |
| CUBÈBES | » 10 | » 18 | » 35 | » 20 | » 30 | » 20 | » 15 | » 10 | » 08 | » 40 |
| CUIRS non dénommés en colis | » 12 | » 20 | » 25 | » 12 | » 13 | » 09 | » 09 | » 06 | » 06 | » 20 |
| D° salés de cheval en vrac (1) | » 10 | » 14 | » 25 | » 10 | » 12 | » 08 | » 08 | » 06 | » 06 | » 25 |
| D° d° de bœuf en vrac | » 08 | » 10 | » 19 | » 08 | » 09 | » 07 | » 07 | » 05 | » 05 | » 25 |
| CUIRS secs de cheval en vrac | » 12 | » 28 | » 45 | » 20 | » 22 | » 12 | » 14 | » 10 | » 10 | » 20 |
| D° d° de bœuf en vrac | » 11 | » 18 | » 32 | » 16 | » 19 | » 09 | » 12 | » 09 | » 10 | » 20 |
| CUIVRE en lingots | » 07 | » 07 | » 16 | » 05 | » 07 | » 03 | » 04 | » 03 | » 04 | » 05 |
| D° en planches | » 08 | » 08 | » 19 | » 08 | » 10 | » 05 | » 07 | » 05 | » 05 | » 07 ½ |
| D° vieux ou neuf en fûts | » 07 | » 08 | » 19 | » 08 | » 10 | » 08 | » 07 | » 06 | » 05 | » 10 |
| D° ouvré, en vrac ou en colis | » 10 | » 12 | » 30 | » 17 | » 19 | » 10 | » 12 | » 09 | » 09 | » 10 |
| CURCUMA | » 12 | » 13 | » 22 | » 10 | » 12 | » 08 | » 08 | » 06 | » 06 | » 15 |
| DAMES-JEANNES de 10 à 15 litres (le 100 en nombre) | 2 » | 1 50 | 3 50 | 1 50 | 1 50 | » | 1 50 | 1 » | » | le 100 en nombre 1 20 |
| DAMES-JEANNES de 16 à 25 litres | 3 » | 2 » | 5 » | 2 » | 2 » | » | 2 » | 1 20 | » | |
| DATTES | » 12 | » 20 | 35 | » 20 | » 23 | » 17 | » 17 | » 12 | » 08 | » 20 |
| DÉGRAS | » 09 | » 13 | » 22 | » 10 | » 12 | » 08 | » 08 | » 05 | » 05 | » 20 |
| DENTS d'éléphant en colis | » 10 | » 15 | » 30 | » 15 | » 20 | » 10 | » 10 | » 06 | » 06 | » 50 |
| D° en grenier | » 11 | » 20 | » 40 | » 20 | » 20 | » 10 | » 12 | » 09 | » 10 | |
| DENTELLES | » 20 | » 50 | » 60 | » 30 | » 50 | » 30 | » 25 | » 20 | » 20 | 3 » |
| DRAPS | » 12 | » 24 | » 40 | » 20 | » 24 | » 20 | » 16 | » 16 | » 10 | 1 » |
| DOUVELLES (le 1000 en nombre) | 3 50 | avec comptage 2 30 | 4 80 | 2 30 | avec comptage 1 » | » | » | » | » | » 80 |
| DUVET | » 11 | » 20 | » 35 | » 20 | » 30 | » 20 | » 15 | » 10 | » 08 | » 50 |
| EAUX-DE-VIE en fûts | » 08 | » 12 | » 27 | » 15 | » 15 | » | » 10 | » 08 | » 06 | l'hectol. » 30 |

(1) En plus pour secouage et pliage des cuirs salés par 100 kilos : — Secouage 0.14; — Pliage 0.10.

| DÉSIGNATION DES MARCHANDISES. | TARIF DES MANUTENTIONS PAR 100 KILOG. | | | | | | | | | TARIF de Magasinage par mois et par 100 kilog. — TARIF de la ville. |
|---|---|---|---|---|---|---|---|---|---|---|
| | Débarquement et mise sous hangar. | Livraison ou reconnaissance sur le quai avec pesage, mesurage ou comptage | Transport et mise en Entrepôt des Marchandises débarquées dans le Dock. | Mise en Entrepôt des Marchandises débarquées en dehors du Dock. | LIVRAISONS à la sortie DES MAGASINS | | MANUTENTIONS EXTRA | | | |
| | | | | | avec pesage, mesurage ou comptage | sans pesage, ni mesurage ou comptage | Arrimage | Désarrimage. | Pesage. | |
| EAUX-DE-VIE en caisses | » 15 | » 20 | » 35 | » 20 | » 25 | » | » 20 | » 10 | » 10 | l'hectol. » 50 |
| EAUX médicales en fûts | » 08 | » 12 | » 27 | » 15 | » 15 | » | » 10 | » 08 | » 06 | l'hectol. » 15 |
| D° en caisses | » 15 | » 20 | » 35 | » 20 | » 25 | » | » 20 | » 10 | » 10 | l'hectol. » 15 |
| ÉCAILLES | » 20 | » 50 | » 60 | » 30 | » 50 | » 30 | » 25 | » 20 | » 20 | 1 » |
| ÉCORCES en colis | » 10 | » 14 | » 30 | » 15 | » 15 | » 10 | » 12 | » 07 | » 06 | » 30 |
| D° en grenier | » 12 | » 16 | » 30 | » 15 | » 15 | » 10 | » 12 | » 07 | » 06 | » 30 |
| ÉDREDON | » 11 | » 20 | » 35 | » 20 | » 30 | » 20 | » 15 | » 10 | » 08 | 2 » |
| EFFETS à usage | » 11 | » 20 | » 35 | » 20 | » 30 | » 20 | » 15 | » 10 | » 08 | » 60 |
| ÉMERI en pierres | » 08 | » 07 | » 18 | » 08 | » 11 | » 07 | » 07 | » 05 | » 05 | » 10 |
| ENCENS ou oliban | » 11 | » 20 | » 35 | » 20 | » 30 | » 20 | » 15 | » 10 | » 08 | » 15 |
| ENCRE de Chine | » 20 | » 35 | » 50 | » 30 | » 35 | » 20 | » 25 | » 15 | » 20 | 2 » |
| D° à écrire | » 10 | » 18 | » 30 | » 15 | » 15 | » 10 | » 12 | » 07 | » 06 | » 20 |
| ÉPONGES | » 11 | » 20 | » 25 | » 12 | » 30 | » 20 | » 15 | » 10 | » 08 | 1 » |
| ESPRITS en fûts | » 08 | » 12 | » 27 | » 15 | » 15 | » | » 10 | » 08 | » 06 | l'hectol. » 40 |
| D° en caisses | » 15 | » 20 | » 35 | » 20 | » 25 | » | » 20 | » 10 | » 10 | l'hectol. » 50 |
| ESSENCES de térébenthine et autres pour la peinture | » 08 | » 12 | » 27 | » 15 | » 15 | » | » 10 | » 08 | » 06 | » 20 |
| ESSENCES et huiles essentielles non dénommées pour médec. et parfum. | » 20 | » 35 | » 50 | » 30 | » 35 | » 20 | » 25 | » 15 | » 20 | 5 » |
| ÉTAIN en saumons et lingots | » 07 | » 07 | » 16 | » 05 | » 07 | » 03 | » 04 | » 03 | » 04 | » 05 |
| FANONS (1) | » 10 | » 17 | » 30 | » 17 | » 19 | » 10 | » 12 | » 09 | » 10 | » 20 |
| FARINE en colis | » 08 | » 12 | » 18 | » 07 | » 09 | » 04 | » 06 | » 04 | » 04 | » 10 |
| FAUX | » | » | » | » | » | » | » | » | » | » 15 |
| FER-BLANC et ferraille en colis et en vrac | » 10 | » 09 | » 20 | » 10 | » 12 | » 08 | » 08 | » 06 | » 05 | » 20 |
| FEUILLES de laurier et autres feuilles et fleurs médicinales | » 11 | » 20 | » 35 | » 20 | » 30 | » 20 | » 15 | » 10 | » 08 | » 30 |
| FEUILLES de latanier | » 16 | » 22 | » 30 | » 15 | » 20 | » 15 | » 12 | » 08 | » 10 | » 30 |

(1) Ouverture des paquets en sus. (*Voir* le Tarif de voilerie.)

| DÉSIGNATION DES MARCHANDISES. | TARIF DES MANUTENTIONS PAR 100 KILOG. | | | | | | | | | TARIF de Magasinage par mois et par 100 kilog. — TARIF de la ville. |
|---|---|---|---|---|---|---|---|---|---|---|
| | Débarquement et mise sous hangar. | Livraison ou reconnaissance sur le quai avec pesage, mesurage ou comptage | Transport et mise en Entrepôt des Marchandises débarquées dans le Dock. | Mise en Entrepôt des Marchandises débarquées en dehors du Dock. | LIVRAISONS à la sortie DES MAGASINS | | MANUTENTIONS EXTRA | | | |
| | | | | | avec pesage, mesurage ou comptage | sans pesage, ni mesurage ou comptage | Arrimage | Désarrimage. | Pesage. | |
| FÈVES médicinales | » 11 | » 20 | » 35 | » 20 | » 30 | » 20 | » 15 | » 10 | » 08 | 1 » |
| FIGUES sèches | » 10 | » 18 | » 32 | » 18 | » 20 | » 15 | » 15 | » 10 | » 07 | » 20 |
| FER en barres (1) | » 07 | » 08 | » 19 | » 08 | » 10 | » 05 | » 07 | » 05 | » 05 | » 05 |
| D° en masse | » 06 | » 05 | » 15 | » 05 | » 07 | » 03 | » 04 | » 03 | » 04 | » 02½ |
| FILS de chanvre | » 12 | » 24 | » 30 | » 15 | » 20 | » 15 | » 12 | » 10 | » 10 | » 15 |
| D° de lin | » 12 | » 24 | » 30 | » 15 | » 20 | » 15 | » 12 | » 10 | » 10 | » 30 |
| FILS de laine et coton | » 12 | » 24 | » 30 | » 15 | » 20 | » 15 | » 12 | » 10 | » 10 | 1 » |
| D° de soie | » 20 | » 50 | » 60 | » 30 | » 50 | » 30 | » 25 | » 20 | » 20 | 1 50 |
| FIL DE FER et de cuivre et fûts | » 08 | » 12 | » 20 | » 10 | » 10 | » 07 | » 06 | » 06 | » 05 | » 15 |
| D° en vrac | » 10 | » 09 | » 22 | » 10 | » 13 | » 08 | » 07 | » 06 | » 05 | » 15 |
| FONTE en gueuses | » 06 | » 05 | » 15 | » 05 | » 06 | » 03 | » 04 | » 03 | » 04 | » 02½ |
| D° ouvrée en vrac | » 10 | » 09 | » 25 | » 10 | » 12 | » 08 | » 08 | » 06 | » 06 | » 05 |
| D° en colis | » 08 | » 10 | » 20 | » 10 | » 12 | » 08 | » 08 | » 05 | » 05 | » 10 |
| FROMAGES en caisses ou en fûts | » 10 | » 12 | » 22 | » 10 | » 12 | » 08 | » 08 | » 06 | » 06 | » 15 |
| D° en grenier | » 12 | » 14 | » 30 | » 15 | » 18 | » 12 | » 15 | » 10 | » 10 | » 15 |
| FRUITS de table non dénommés en colis | » 12 | » 20 | » 35 | » 20 | » 23 | » 17 | » 12 | » 12 | » 08 | » 20 |
| FUTAILLES vides (les cent litres) | » 07 | » 07 | » 20 | » 09 | » 10 | » | » 08 | » 06 | » 05 | les 100 litres » 20 |
| GALIPOT | » 08 | » 10 | » 19 | » 08 | » 10 | » 07 | » 07 | » 05 | » 05 | » 10 |
| GARANCE en racine | » 10 | » 16 | » 30 | » 15 | » 15 | » 10 | » 12 | » 07 | » 06 | » 20 |
| D° en poudre | » 12 | » 13 | » 22 | » 10 | » 12 | » 08 | » 08 | » 06 | » 06 | » 15 |
| GENTIANE | » 11 | » 20 | » 35 | » 20 | » 30 | » 20 | » 15 | » 10 | » 08 | » 20 |
| GENIÈVRE en fûts | » 08 | » 12 | » 27 | » 15 | » 15 | » | » 10 | » 08 | » 06 | l'hectol. » 30 |
| D° en caisses ou d.-jeannes. | » 15 | » 20 | » 35 | » 20 | » 25 | » | » 20 | » 10 | » 10 | l'hectol. » 50 |
| GINGEMBRE | » 12 | » 13 | » 25 | » 12 | » 15 | » 10 | » 10 | » 07 | » 06 | » 20 |
| GIROFLE | » 10 | » 16 | » 30 | » 15 | » 18 | » 12 | » 12 | » 07 | » 06 | » 30 |
| GOMME oliban | » 11 | » 20 | » 35 | » 20 | » 30 | » 20 | » 15 | » 10 | » 08 | » 15 |
| D° copale | » 10 | » 13 | » 22 | » 10 | » 15 | » 10 | » 10 | » 07 | » 06 | » 25 |

(1) En plus les lotissements autres que ceux exigés par la douane sur le quai ou en magasin.

| DÉSIGNATION DES MARCHANDISES. | TARIF DES MANUTENTIONS PAR 100 KILOG. | | | | | | | | | TARIF de Magasinage par mois et par 100 kilog. — TARIF de la ville. |
|---|---|---|---|---|---|---|---|---|---|---|
| | Débarquement et mise sous hangar. | Livraison ou reconnaissance sur le quai avec pesage, mesurage ou comptage | Transport et mise en Entrepôt des Marchandises débarquées dans le Dock. | Mise en Entrepôt des Marchandises débarquées en dehors du Dock. | LIVRAISONS à la sortie DES MAGASINS — avec pesage, mesurage ou comptage | LIVRAISONS à la sortie DES MAGASINS — sans pesage, ni mesurage ou comptage | MANUTENTIONS EXTRA — Arrimage | MANUTENTIONS EXTRA — Désarrimage. | MANUTENTIONS EXTRA — Pesage. | |
| GOMME laque | » 10 | » 13 | » 22 | » 10 | » 15 | » 10 | » 08 | » 06 | » 06 | » 20 |
| D° de Sénégal | » 10 | » 13 | » 22 | » 10 | » 12 | » 08 | » 07 | » 04 | » 05 | » 15 |
| D° élastique | » 10 | » 13 | » 22 | » 10 | » 12 | » 08 | » 08 | » 05 | » 05 | » 35 |
| GOUDRON | » 08 | » 10 | » 19 | » 08 | » 09 | » 05 | » 06 | » 04 | » 05 | » 10 |
| GRAINS et graines légumineuses non dénommées, en grenier (1) | » 15 | » 05 | » 19 | » 08 | » 10 | » 05 | » 06 | » 04 | » 05 | » 10 |
| GRAINS en sacs | » 08 | » 09 | » 19 | » 08 | » 10 | » 05 | » 06 | » 04 | » 05 | » 10 |
| GRAINES OLÉAGINEUSES de lin, colza, moutarde, sésame et autres non dénommées — en grenier (1) | » 12 | » 16 | » 21 | » 09 | » 12 | » 08 | » 07 | » 04 | » 05 | » 10 |
| GRAINES OLÉAGINEUSES de lin, colza, moutarde, sésame et autres non dénommées — en colis | » 09 | » 12 | » 21 | » 09 | » 12 | » 08 | » 06 | » 04 | » 05 | » 10 |
| GRAVURES et dessins | » 20 | » 50 | » 60 | » 30 | » 50 | » 30 | » 25 | » 20 | » 20 | 1 50 |
| GRAISSES non dénommées | » 08 | » 12 | » 21 | » 09 | » 12 | » 08 | » 08 | » 05 | » 05 | » 12½ |
| GRIFFES de girofle | » 10 | » 16 | » 30 | » 15 | » 18 | » 12 | » 12 | » 07 | » 06 | » 10 |
| GUANO en grenier (2) | » 11 | » 11 | » 19 | » 09 | » 10 | » 05 | » 06 | » 04 | » 05 | » 10 |
| GUTTA-PERCHA | » 10 | » 13 | » 22 | » 10 | » 12 | » 08 | » 08 | » 05 | » 05 | » 35 |
| GUINÉES bleues | » 10 | » 15 | » 25 | » 12 | » 15 | » 10 | » 08 | » 05 | » 05 | » 25 |
| HORLOGERIE (commune) en colis | » 10 | » 20 | » 30 | » 15 | » 25 | » 20 | » 20 | » 15 | » 15 | » 60 |
| D° (pendules) d° | » 20 | » 50 | » 60 | » 30 | » 50 | » 30 | » 25 | » 20 | » 20 | 1 50 |
| HOUBLON | » 12 | » 16 | » 24 | » 12 | » 15 | » 10 | » 08 | » 06 | » 06 | » 20 |
| HUILE d'olive et autres huiles fixes non dénommées — en fûts | » 08 | » 12 | » 27 | » 15 | » 15 | » | » 10 | » 08 | » 06 | » 25 |
| HUILE d'olive et autres huiles fixes non dénommées — en dames-jeannes cruches ou caisses | » 15 | » 25 | » 35 | » 20 | » 25 | » | » 20 | » 10 | » 10 | » 25 |
| HUILE de palme, de coco et autres concrètes en fûts | » 08 | » 12 | » 21 | » 09 | » 12 | » 08 | » 08 | » 05 | » 05 | » 15 |
| HUILE de baleine en fûts | » 08 | » 12 | » 22 | » 10 | » 15 | » 10 | » 10 | » 08 | » 06 | » 15 |
| HUILES volatiles et essentielles | » 20 | » 35 | » 50 | » 30 | » 35 | » 20 | » 25 | » 15 | » 20 | 5 » |
| INDIGO en caisses | » 10 | » 15 | » 45 | » 30 | » 40 | » 30 | » 20 | » 15 | » 10 | » 50 |
| D° en sacs ou surons | » 11 | » 20 | » 35 | » 20 | » 30 | » 20 | » 15 | » 10 | » 08 | » 50 |

(1) Arrivant en grenier, mise en sacs et mesurage compris. En plus la fermeture des sacs. (*Voir* le Tarif de voilerie.)
(2) En plus la mise en sacs au compte du réclamateur 0,07 les 100 kilog. et la fermeture des sacs. (*Voir* le Tarif de voilerie).

| DÉSIGNATION DES MARCHANDISES. | TARIF DES MANUTENTIONS PAR 100 KILOG. | | | | | | | | | TARIF de Magasinage par mois et par 100 kilog. — TARIF de la ville. |
|---|---|---|---|---|---|---|---|---|---|---|
| | Débarquement et mise sous hangar. | Livraison ou reconnaissance sur le quai avec pesage, mesurage ou comptage | Transport et mise en Entrepôt des Marchandises débarquées dans le Dock. | Mise en Entrepôt des Marchandises débarquées en dehors du Dock. | LIVRAISONS à la sortie DES MAGASINS avec pesage, mesurage ou comptage | LIVRAISONS à la sortie DES MAGASINS sans pesage, ni mesurage ou comptage | MANUTENTIONS EXTRA Arrimage | MANUTENTIONS EXTRA Désarrimage. | MANUTENTIONS EXTRA Pesage. | |
| INSTRUMENTS aratoires.......... | » 10 | » 09 | » 25 | » 10 | » 15 | » 10 | » 08 | » 06 | » 06 | » 15 |
| INSTRUMENTS de musique, de sciences et de marine............ | » 10 | » 30 | » 40 | » 20 | » 30 | » 20 | » 20 | » 15 | » 15 | 1 » |
| IPÉCACUANHA.................. | » 11 | » 20 | » 35 | » 20 | » 30 | » 20 | » 15 | » 10 | » 08 | » 50 |
| IRIS........................... | » 10 | » 18 | » 30 | » 15 | » 15 | » 10 | » 12 | » 07 | » 06 | » 25 |
| IVOIRE brut en grenier........... | » 11 | » 20 | » 40 | » 20 | » 20 | » 10 | » 12 | » 09 | » 10 | » 50 |
| JALAP.......................... | » 10 | » 18 | » 30 | » 15 | » 30 | » 20 | » 15 | » 10 | » 08 | » 30 |
| JAMBON et lard.................. | » 09 | » 12 | » 22 | » 10 | » 12 | » 08 | » 08 | » 06 | » 06 | » 15 |
| JONCS......................... | » 14 | » 17 | » 30 | » 17 | » 20 | » 10 | » 12 | » 09 | » 10 | » 30 |
| JOUETS d'enfants................ | » 15 | » 25 | » 40 | » 20 | » 25 | » 20 | » 15 | » 10 | » 15 | » 40 |
| JUS de citron en fûts............ | » 08 | » 12 | » 27 | » 15 | » 15 | » — | » 10 | » 08 | » 06 | » 20 |
| D° en caisses ou paniers.. | » 15 | » 20 | » 35 | » 20 | » 25 | » | » 20 | » 10 | » 10 | |
| JUS de réglisse en caisses......... | » 10 | » 16 | » 30 | » 15 | » 20 | » 15 | » 10 | » 08 | » 08 | » 15 |
| JUS et sirops de table ............. | » 12 | » 20 | » 35 | » 20 | » 23 | » 17 | » 17 | » 12 | » 08 | » 45 |
| JUTE et PITRE en balles non pressées | » 13 | » 18 | » 30 | » 15 | » 15 | » 10 | » 10 | » 06 | » 07 | » 15 |
| D° pressées. | » 10 | » 12 | » 20 | » 09 | » 11 | » 07 | » 08 | » 05 | » 05 | » 15 |
| LAC-DYE......................... | » 10 | » 15 | » 40 | » 25 | » 30 | » 20 | » 15 | » 12 | » 10 | » 15 |
| LAINES en balles pressées......... | » 11 | » 18 | » 21 | » 10 | » 12 | » 08 | » 08 | » 05 | » 05 | » 20 |
| D° non pressées..... | » 12 | » 22 | » 25 | » 12 | » 14 | » 09 | » 09 | » 06 | » 06 | » 30 |
| LÉGUMES secs en grenier (1)...... | » 15 | » 05 | » 19 | » 08 | » 10 | » 05 | » 06 | » 04 | » 05 | » 10 |
| D° en sacs... ......... | » 08 | » 09 | » 19 | » 08 | » 10 | » 05 | » 06 | » 04 | » 05 | » 10 |
| LIBRAIRIE...................... | » 10 | » 30 | » 35 | » 20 | » 25 | » 20 | » 15 | » 10 | » 10 | » 50 |
| LICHEN......... ................ | » 13 | » 18 | » 35 | » 20 | » 20 | » 15 | » 12 | » 08 | » 07 | » 25 |
| LICOPODIUM.................... | » 13 | » 18 | » 30 | » 15 | » 15 | » 10 | » 12 | » 07 | » 06 | » 30 |
| LIÉGES en planches ou en balles... | » 12 | » 16 | » 30 | » 16 | » 20 | » 15 | » 12 | » 08 | » 07 | » 40 |
| LIN en balles pressées et non pressées | » 13 | » 18 | » 23 | » 11 | » 14 | » 09 | » 09 | » 06 | » 06 | » 20 |
| LINGE de table en fil ou coton...... | » 13 | » 24 | » 40 | » 20 | » 24 | » 20 | » 15 | » 10 | » 10 | ouvré ou non » 75 damassé 1 50 |
| LIQUIDES non dénommés en fûts (2) | » 08 | » 21 | » 27 | » 15 | » 15 | » » | » 10 | » 08 | » 06 | Voir les prix portés à chaque espèce de liquide. |

(1) Arrivant en grenier, mise en sacs et mesurage compris. En plus la fermeture des sacs. (*Voir* le Tarif de voilerie.)
(2) Les prix pour les liquides en fûts sont calculés à l'hectolitre.

| DÉSIGNATION DES MARCHANDISES. | TARIF DES MANUTENTIONS PAR 100 KILOG. | | | | | | | | | TARIF de Magasinage par mois et par 100 kilog. — TARIF de la ville. |
|---|---|---|---|---|---|---|---|---|---|---|
| | Débarquement et mise sous hangar. | Livraison ou reconnaissance sur le quai avec pesage, mesurage ou comptage | Transport et mise en Entrepôt des Marchandises débarquées dans le Dock. | Mise en Entrepôt des Marchandises débarquées en dehors du Dock. | LIVRAISONS à la sortie DES MAGASINS — avec pesage, mesurage ou comptage | LIVRAISONS à la sortie DES MAGASINS — sans pesage, ni mesurage ou comptage | MANUTENTIONS EXTRA — Arrimage. | MANUTENTIONS EXTRA — Désarrimage. | MANUTENTIONS EXTRA — Pesage. | |
| LIQUIDES en caisses, dames-jeannes ou jarres. | » 15 | » 20 | » 35 | » 20 | » 25 | » | » 20 | » 10 | » 10 | Voir les prix portés à chaque espèce de liquide. |
| LIMES | » 08 | » 12 | » 20 | » 10 | » 10 | » 08 | » 07 | » 05 | » 05 | » 15 |
| LITHARGE | » 08 | » 12 | » 20 | » 10 | » 11 | » 07 | » 07 | » 05 | » 05 | » 06 |
| MACHINES et mécaniques en vrac (1). | » 10 | « 09 | » 25 | » 10 | » 12 | » 08 | » 08 | » 06 | » 06 | » 25 |
| Do en colis | » 08 | » 12 | » 20 | » 10 | » 10 | » 08 | » 07 | » 06 | » 05 | |
| MACIS | » 11 | » 20 | » 35 | » 20 | » 30 | » 20 | » 15 | » 10 | » 08 | » 50 |
| MAGNÉSIE | » 11 | » 20 | » 35 | » 20 | » 30 | » 20 | » 15 | » 10 | » 08 | » 30 |
| MAIS en sacs | » 08 | » 09 | » 19 | » 08 | » 09 | » 05 | » 06 | » 04 | » 05 | » 05 |
| MANGANÈSE | » 08 | » 10 | » 19 | » 08 | » 09 | » 05 | » 06 | » 04 | » 05 | » 06 |
| MANIOC | » 11 | » 15 | » 30 | » 15 | » 20 | » 15 | » 15 | » 10 | » 07 | » 20 |
| MANNE | » 11 | » 20 | » 30 | » 15 | » 30 | » 20 | » 15 | » 10 | » 08 | » 30 |
| MARBRE en blocs | » 10 | » 05 | » 20 | » 10 | » | » 03 | » 10 | » 03 | » | » 05 |
| Do en tranches (2) | » 15 | » 10 | » 35 | » 15 | » | » 10 | » 10 | » 07 | » | » 10 |
| Do ouvré | » 15 | » 25 | » 30 | » 15 | » 15 | » 10 | » 10 | » 07 | » 06 | » 15 |
| MATS (de gré à gré) | | | | | | | | | | Mâts, la pièce 3 » Mâtereaux 1 50 |
| MÉDICAMENTS composés | » 20 | » 35 | » 50 | » 30 | » 35 | » 20 | » 25 | » 15 | » 20 | » 50 |
| MÉLASSE | » 09 | » 13 | » 20 | » 10 | » 12 | » 08 | » 08 | » 05 | » 05 | » 05 |
| MERCERIE | » 20 | » 50 | » 50 | » 25 | » 50 | » 30 | » 20 | » 15 | » 15 | » 40 |
| MERCURE | » 10 | » 18 | » 30 | » 15 | » 20 | » 15 | » 16 | » 10 | » 10 | » 35 |
| MERRAINS (les mille) | 3 50 | 2 30 avec comptage. | 4 80 | 2 30 | 1 » avec comptage. | » | » | » | » | » 80 |
| MÉTAUX non dénommés en barres et en planches (3) | » 07 | » 08 | » 19 | » 08 | » 10 | » 05 | » 07 | » 05 | » 05 | Voir les prix portés à chaque espèce. |
| Do en saumons ou lingots | » 06 | » 06 | » 16 | » 05 | » 07 | » 03 | » 04 | » 03 | » 04 | |
| Do en gueuses (fonte) | » 06 | » 05 | » 15 | » 05 | » 06 | » 03 | » 04 | » 03 | » 04 | |
| Do en feuilles | » 10 | » 09 | » 25 | » 10 | » 12 | » 08 | » 08 | » 06 | » 06 | |
| MEULES | » 10 | » 10 | » 20 | » 10 | » 10 | » 06 | » 08 | » 06 | » 06 | » 20 |

(1) Les colis d'un poids indivis au-dessus de 1,500 kil. jusqu'à 3,000 payeront double droit ; au-dessus de 3,000 kil., on traitera de gré à gré.
(2) Sans responsabilité de casse.
(3) En plus les lotissements autres que ceux demandés par la Douane.

| DÉSIGNATION DES MARCHANDISES. | TARIF DES MANUTENTIONS PAR 100 KILOG. | | | | | | | | | TARIF de Magasinage par mois et par 100 kilog. — TARIF de la ville. |
|---|---|---|---|---|---|---|---|---|---|---|
| | Débarquement et mise sous hangar. | Livraison ou reconnaissance sur le quai avec pesage, mesurage ou comptage | Transport et mise en Entrepôt des Marchandises débarquées dans le Dock. | Mise en Entrepôt des Marchandises débarquées en dehors du Dock. | LIVRAISONS à la sortie DES MAGASINS — avec pesage, mesurage ou comptage | LIVRAISONS à la sortie DES MAGASINS — sans pesage, ni mesurage ou comptage | MANUTENTIONS EXTRA — Arrimage | MANUTENTIONS EXTRA — Désarrimage. | MANUTENTIONS EXTRA — Pesage. | |
| MIEL | » 12 | » 18 | » 30 | » 15 | » 23 | » 17 | » 17 | » 12 | » 08 | » 10 |
| MINE de plomb | » 09 | » 10 | » 20 | » 10 | » 11 | » 07 | » 07 | » 05 | » 05 | » 06 |
| MINERAIS de fer, de cuivre et autres | | | | | | | | | | |
| en fûts | » 08 | » 06 | » 18 | » 08 | » 09 | » 05 | » 06 | » 04 | » 05 | » 05 |
| D° en sacs | » 08 | » 10 | » 20 | » 10 | » 11 | » 07 | » 07 | » 05 | » 05 | » 05 |
| MINIUM | » 08 | » 12 | » 20 | » 10 | » 11 | » 07 | » 07 | » 05 | » 05 | » 15 |
| MORUE sèche en colis | » 09 | » 12 | » 22 | » 10 | » 12 | » 08 | » 08 | » 06 | » 06 | » 20 |
| MOUSSELINE | » | » | » | » | » | » | » | » | » | 1 50 |
| MUSC | » 30 | » 50 | » 50 | » 30 | » 35 | » 20 | » 25 | » 15 | » 20 | Par 1000 fr. de valeur » 50 |
| MUSCADES | » 11 | » 20 | » 35 | » 20 | » 30 | » 20 | » 15 | » 10 | » 08 | » 50 |
| MYROBOLANS | » 11 | » 20 | » 35 | » 20 | » 30 | » 20 | » 15 | » 10 | » 08 | » 25 |
| MYRRHE | » 11 | » 20 | » 35 | » 20 | » 30 | » 20 | » 15 | » 10 | » 08 | » 20 |
| NACRE en colis | » 09 | « 12 | » 20 | » 09 | » 12 | » 09 | » 07 | » 05 | » 05 | » 20 |
| D° en grenier (1) et laissée en | | | | | | | | | | |
| grenier | » 10 | » 22 | » 22 | » 11 | » 20 | » 15 | » 09 | » 07 | » 07 | » 20 |
| NANKIN | » 12 | » 24 | » 40 | » 20 | » 24 | » 20 | » 16 | » 12 | » 10 | » 20 |
| NATTES en balles ou paquets | » 10 | » 17 | » 30 | » 15 | » 20 | » 10 | » 12 | » 09 | » 10 | » 20 |
| NERPRUN | » 10 | » 18 | » 30 | » 15 | » 15 | » 10 | » 12 | » 07 | » 06 | » 25 |
| NITRATES de soude et de potasse | » 08 | » 10 | » 20 | » 09 | » 11 | » 07 | » 07 | » 05 | » 05 | » 10 |
| NOIR de fumée et noir animal en colis | » 09 | » 12 | » 20 | » 10 | » 11 | » 07 | » 07 | » 05 | » 05 | » 15 |
| NOÎX de galle | » 10 | » 17 | » 30 | » 17 | » 20 | » 10 | » 12 | » 09 | » 10 | » 30 |
| OBJETS d'art et de collection | » 30 | » 50 | 1 » | » 50 | » 50 | » 30 | » 25 | » 20 | » 20 | 1 » |
| OCRE en sacs ou en fûts | » 08 | » 10 | » 18 | » 08 | » 10 | » 07 | » 07 | » 05 | » 05 | » 10 |
| OIGNONS en gousse non dénommés | » 11 | » 20 | » 35 | » 20 | » 30 | » 20 | » 15 | » 10 | » 08 | » 20 |
| OLÉINE | » 08 | » 12 | » 21 | » 10 | » 12 | » 08 | » 08 | » 05 | » 05 | » 15 |
| OLIVES | » 12 | » 20 | » 35 | » 20 | » 23 | » 17 | » 17 | » 12 | » 08 | » 20 |
| ONGLONS de tortue en colis | » 08 | » 15 | » 25 | » 25 | » 15 | » 10 | » 08 | » 06 | » 05 | » 30 |
| D° en grenier (2) | » 10 | » 15 | » 35 | » 20 | » 20 | » 12 | » 10 | » 06 | « 07 | » 30 |

(1) En plus les mannes au débarquement.
(2) *Idem*.

| DÉSIGNATION DES MARCHANDISES. | TARIF DES MANUTENTIONS PAR 100 KILOG. | | | | | | | | | TARIF de Magasinage par mois et par 100 kilog. — TARIF de la ville. |
|---|---|---|---|---|---|---|---|---|---|---|
| | Débarquement et mise sous hangar. | Livraison ou reconnaissance sur le quai avec pesage, mesurage ou comptage | Transport et mise en Entrepôt des Marchandises débarquées dans le Dock. | Mise en Entrepôt des Marchandises débarquées en dehors du Dock. | LIVRAISONS à la sortie DES MAGASINS | | MANUTENTIONS EXTRA | | | |
| | | | | | avec pesage, mesurage ou comptage | sans pesage, ni mesurage ou comptage | Arrimage | Désarrimage. | Pesage. | |
| ONGLONS de bétail en colis........ | » 08 | » 10 | » 20 | » 10 | » 12 | » 08 | » 08 | » 06 | » 05 | » 15 |
| D° en grenier (1)... | » 10 | » 10 | » 32 | » 13 | » 15 | » 10 | » 10 | » 06 | » 06 | » 20 |
| OPIUM.............................. | » 11 | » 20 | » 35 | » 20 | » 30 | » 20 | » 15 | » 10 | » 08 | » 50 Pour 1000 fr. de valeur |
| OR et argent ouvré ou monnayé..... | 1 » | 1 » | 1 50 | » 75 | 1 » | 1 » | » 75 | » 50 | » 50 | » 50 |
| ORANGES en colis.................. | » 10 | » 15 | » 28 | » 15 | » 18 | » 13 | » 12 | » 06 | » 06 | » 25 |
| ORANGETTES........................ | » 10 | » 15 | » 28 | » 15 | » 18 | » 13 | » 12 | » 06 | » 06 | » 25 |
| OREILLONS et rogn. de peaux en colis. | » 12 | » 18 | » 22 | » 10 | » 12 | » 08 | » 08 | » 06 | » 06 | » 20 |
| ORGE perlé ....................... | » 10 | » 18 | » 32 | » 18 | » 20 | » 15 | » 15 | » 10 | » 07 | » 20 |
| ORSEILLE.. ....................... | » 12 | » 16 | » 24 | » 12 | » 20 | » 15 | » 12 | » 08 | » 07 | » 30 |
| OS de bétail en colis................ | » 08 | » 10 | » 20 | » 10 | » 1 | » 08 | » 08 | » 06 | » 05 | » 15 |
| D° en grenier (2).......... | » 10 | » 12 | » 32 | » 13 | » 16 | » 10 | » 10 | » 06 | » 07 | » 20 |
| OSIER............................. | » 10 | » 17 | » 30 | » 17 | » 20 | » 10 | » 12 | » 09 | » 10 | » 20 |
| OUTILS ........................... | » 10 | » 17 | » 30 | » 17 | » 20 | » 10 | » 12 | » 09 | » 10 | » 30 |
| PALMA CHRISTI en graines ....... | » 09 | » 12 | » 21 | » 09 | » 12 | » 08 | » 07 | » 04 | » 05 | » 30 |
| PAPIER............................ | » 10 | » 20 | » 30 | » 15 | » 15 | » 10 | » 10 | » 08 | » 06 | » 40 |
| PARFUMERIE....................... | » 20 | » 35 | » 50 | » 30 | » 30 | » 20 | » 20 | » 15 | » 20 | » 50 |
| PASSEMENTERIE.................... | » 20 | » 50 | » 50 | » 30 | » 50 | » 30 | » 25 | » 20 | » 20 | » 60 |
| PASTEL et peintures.............. | » 10 | » 20 | » 30 | » 15 | » 15 | » 10 | » 10 | » 08 | » 06 | » 30 |
| PATES diverses................... | » 11 | » 15 | » 27 | » 14 | » 16 | » 12 | » 10 | » 06 | » 06 | » 20 |
| PATCHOULI ........................ | » 11 | » 20 | » 35 | » 20 | » 30 | » 20 | » 15 | » 12 | » 10 | » 30 |
| PEAUX de chien de mer............ | » 10 | » 25 | » 35 | » 20 | » 25 | » 18 | » 15 | » 10 | » 08 | » 35 |
| PEAUX de mouton en balles pressées. | » 12 | » 18 | » 21 | » 10 | » 12 | » 08 | » 08 | » 05 | » 05 | » 20 |
| D° non pressées. | » 12 | » 22 | » 25 | » 12 | » 14 | » 09 | » 09 | » 06 | » 06 | » 30 |
| PEAUX de chèvre, d'agneau et autres. | » 12 | » 20 | » 25 | » 12 | » 16 | » 10 | » 09 | » 06 | » 06 | » 60 |
| PELLETERIES non dénommées brutes | » 12 | » 22 | » 25 | » 12 | » 16 | » 10 | » 09 | » 06 | » 06 | » 60 |
| PELLETERIES non dénommées ouvrées.... ......... ............ | » 14 | » 25 | » 30 | » 15 | » 20 | » 15 | » 10 | » 08 | » 06 | 1 50 |
| PERLASSE.............. ........ | » 08 | « 10 | » 19 | » 08 | » 09 | » 05 | » 06 | » 04 | » 05 | » 08 |

(1) En plus les mannes au débarquement.
(2) *Idem*.

| DÉSIGNATION DES MARCHANDISES. | TARIF DES MANUTENTIONS PAR 100 KILOG. | | | | | | | | | TARIF de Magasinage par mois et par 100 kilog. — TARIF de la ville. |
|---|---|---|---|---|---|---|---|---|---|---|
| | Débarquement et mise sous hangar. | Livraison ou reconnaissance sur le quai avec pesage, mesurage ou comptage | Transport et mise en Entrepôt des Marchandises débarquées dans le Dock. | Mise en Entrepôt des Marchandises débarquées en dehors du Dock. | LIVRAISONS à la sortie DES MAGASINS avec pesage, mesurage ou comptage | LIVRAISONS à la sortie DES MAGASINS sans pesage, ni mesurage ou comptage | MANUTENTIONS EXTRA Arrimage | MANUTENTIONS EXTRA Désarrimage. | MANUTENTIONS EXTRA Pesage. | |
| PHOSPHORE | » 20 | » 30 | » 50 | » 30 | » 40 | » 30 | » 25 | » 20 | » 20 | 1 » |
| PIERRES à aiguiser en colis | » 08 | » 15 | » 30 | » 15 | » 15 | » 10 | » 12 | » 09 | » 10 | » 20 |
| PIERRES lithographiques en colis | » 08 | » 12 | » 25 | » 15 | » 15 | » 10 | » 10 | » 07 | » 06 | » 15 |
| Dº en vrac | » 15 | » 10 | » 30 | » 15 | » 20 | » 15 | » 12 | » 08 | » 07 | |
| PIERRE PONCE | » 10 | » 17 | » 30 | » 17 | » 19 | » 10 | » 12 | » 09 | » 10 | » 30 |
| PIERRERIES fausses | » 10 | » 20 | » 30 | » 17 | » 20 | » 10 | » 12 | » 09 | » 10 | Par 1,000 fr. de valeur » 25 |
| PIMENT | » 10 | » 14 | » 22 | » 10 | » 12 | » 08 | » 07 | » 04 | » 05 | » 15 |
| PISTACHES | » 12 | » 20 | » 35 | » 20 | » 23 | » 17 | » 17 | » 12 | » 08 | » 20 |
| PLOMB en saumons | » 06 | » 05 | » 16 | » 05 | » 07 | » 03 | » 04 | » 03 | » 04 | » 02½ |
| Dº en feuilles | » 10 | » 09 | » 25 | » 10 | » 12 | » 08 | » 08 | » 06 | » 06 | » 07½ |
| PLUMES d'autruche et de vautour | » 10 | » 20 | » 30 | » 15 | » 20 | » 12 | » 12 | » 09 | » 10 | 1 50 |
| Dº à lit et à écrire | » 11 | » 20 | » 35 | » 20 | » 25 | » 18 | » 15 | » 10 | » 08 | » 50 |
| Dº de parure | » 20 | » 50 | » 60 | » 30 | » 50 | » 30 | » 25 | » 20 | » 20 | 1 50 |
| POILS de vache, plocs, poils de porc en colis pressés | » 11 | » 16 | » 21 | » 10 | » 11 | » 08 | » 08 | » 05 | » 05 | » 20 |
| Dº en colis non pressés | » 13 | » 18 | » 25 | » 12 | » 15 | » 09 | » 09 | » 06 | » 06 | |
| POILS de lièvre, de lapin, de chèvre et de chameau | » 11 | » 17 | » 30 | » 17 | » 18 | » 12 | » 12 | » 09 | » 10 | » 50 |
| POISSONS secs salés en colis | » 09 | » 12 | » 22 | » 10 | » 12 | » 08 | » 08 | » 06 | » 06 | » 20 |
| Dº marinés | » 10 | » 18 | » 32 | » 18 | » 20 | » 15 | » 15 | » 10 | » 07 | » 30 |
| POIVRE | » 10 | » 14 | » 22 | » 10 | » 12 | » 08 | » 07 | » 04 | » 05 | » 15 |
| PORCELAINE en vrac | 1 » | 1 » | 1 50 | » 75 | 1 » | » 75 | » 75 | » 50 | » 50 | » 50 |
| Dº emballée | » 20 | » 50 | » 50 | » 30 | » 50 | » 30 | » 20 | » 15 | » 15 | » 50 |
| POTASSE | » 08 | » 10 | » 19 | » 08 | » 09 | » 05 | » 06 | » 04 | » 05 | » 08 |
| POTERIE fine en vrac | » 50 | » 50 | 1 10 | » 50 | » 60 | » 45 | » 30 | » 20 | » 30 | » 30 |
| Dº emballée | » 20 | » 30 | » 40 | » 25 | » 50 | » 30 | » 20 | » 15 | » 15 | » 30 |
| POTERIE commune en vrac | » 25 | » 20 | » 50 | » 30 | » 30 | » 20 | » 25 | » 15 | » 15 | » 25 |
| Dº emballée | » 10 | » 20 | » 30 | » 15 | » 20 | » 15 | » 15 | » 10 | » 10 | » 25 |

| DÉSIGNATION DES MARCHANDISES. | TARIF DES MANUTENTIONS PAR 100 KILOG. | | | | | | | | | TARIF de Magasinage par mois et par 100 kilog. — TARIF de la ville. |
|---|---|---|---|---|---|---|---|---|---|---|
| | | | | | LIVRAISONS à la sortie DES MAGASINS | | MANUTENTIONS EXTRA | | | |
| | Débarquement et mise sous hangar. | Livraison ou reconnaissance sur le quai avec pesage, mesurage ou comptage | Transport et mise en Entrepôt des Marchandises débarquées dans le Dock. | Mise en Entrepôt des Marchandises débarquées en dehors du Dock. | avec pesage, mesurage ou comptage | sans pesage, ni mesurage ou comptage | Arrimage | Désarrimage. | Pesage. | |
| PRODUITS chimiques et pharmaceutiques non dénommés : | | | | | | | | | | |
| en fûts ou en caisses ....... | » 10 | » 20 | » 30 | » 15 | » 20 | » 15 | » 12 | » 08 | » 08 | » 35 |
| en jarres ou en pots......... | » 20 | » 35 | » 50 | » 30 | » 35 | » 20 | » 25 | » 15 | » 20 | » 60 |
| QUERCITRON en colis............ | » 09 | » 11 | » 19 | » 08 | » 09 | » 05 | » 06 | » 04 | » 05 | » 10 |
| QUINCAILLERIE grosse en vrac .. | » 10 | » 09 | » 25 | » 10 | » 12 | » 08 | » 08 | » 06 | » 06 | » 15 |
| D° en colis... | » 08 | » 11 | » 20 | » 10 | » 10 | » 08 | » 07 | » 06 | » 05 | » 15 |
| QUINCAILLERIE fine en colis...... | » 10 | » 17 | » 30 | » 17 | » 20 | » 10 | » 12 | » 09 | » 10 | » 30 |
| QUINQUINA....................... | » 10 | » 16 | » 30 | » 15 | » 15 | » 10 | » 12 | » 07 | » 06 | Rouge » 60<br>gris et autres » 30 |
| RACINES de réglisse et autres non dénommées..... .............. | » 12 | » 16 | » 24 | » 12 | » 14 | » 10 | » 08 | » 06 | » 06 | » 22 ½ |
| RAISINS secs pour boissons en fûts. | » 08 | » 09 | » 19 | » 08 | » 09 | » 05 | » 06 | » 04 | » 04 | » 20 |
| D° de table en caisses........ | » 10 | » 18 | » 32 | » 18 | » 20 | » 15 | » 15 | » 10 | » 07 | » 20 |
| RÉSINE.......................... | » 07 | » 09 | » 18 | » 07 | » 09 | » 04 | » 06 | » 04 | » 04 | à couvert » 10<br>à découvert » 05 |
| RHUBARBE........................ | » 11 | » 20 | » 35 | » 20 | » 30 | » 20 | » 15 | » 10 | » 08 | » 50 |
| RHUM en fûts.. .................. | » 08 | » 12 | » 27 | » 15 | » 15 | » | » 10 | » 08 | » 06 | » 30 |
| D° en caisses...... ........... | » 15 | » 25 | » 35 | » 20 | » 25 | » | » 20 | » 10 | » 10 | » 50 |
| RIZ en sacs ou en fûts............. | » 08 | » 09 | » 19 | » 08 | » 09 | » 05 | » 06 | » 04 | » 05 | » 08 |
| ROCOU........................... | » 09 | » 12 | » 20 | » 10 | » 11 | » 07 | » 07 | » 05 | » 05 | » 20 |
| ROGNURES de cuir en balles pressées | » 12 | » 18 | » 22 | » 10 | » 12 | » 08 | » 08 | » 06 | » 06 | » 20 |
| ROTINS......................... .. | » 14 | » 17 | » 30 | » 17 | » 20 | » 10 | » 12 | » 09 | » 10 | » 30 |
| RUBANS sur bobines............... | » 20 | » 50 | » 60 | » 30 | » 50 | » 30 | » 25 | » 20 | » 20 | 1 » |
| SACS vides....................... | » 12 | » 12 | » 25 | » 12 | » 12 | » 08 | » 10 | » 07 | » 06 | » 08 |
| SAFRAN... ...................... | » 11 | » 20 | » 30 | » 18 | » 20 | » 15 | » 12 | » 08 | » 06 | 1 20 |
| SAFRANUM........................ | » 12 | » 13 | » 22 | » 10 | » 12 | » 08 | » 08 | » 06 | » 06 | » 20 |
| SAGOU........................... | » 11 | » 17 | » 30 | » 15 | » 18 | » 13 | » 12 | » 08 | » 07 | » 30 |
| SAINDOUX........................ | » 08 | » 10 | » 19 | » 08 | » 10 | » 05 | » 06 | » 04 | » 05 | » 12 ½ |
| SALAISONS non dénommées en colis | » 09 | » 12 | » 22 | » 10 | » 12 | » 08 | » 08 | » 06 | » 06 | » 15 |

| DÉSIGNATION DES MARCHANDISES. | TARIF DES MANUTENTIONS PAR 100 KILOG. | | | | | | | | | TARIF de Magasinage par mois et par 100 kilog. — TARIF de la ville. |
|---|---|---|---|---|---|---|---|---|---|---|
| | Débarquement et mise sous hangar. | Livraison ou reconnaissance sur le quai avec pesage, mesurage ou comptage | Transport et mise en Entrepôt des Marchandises débarquées dans le Dock. | Mise en Entrepôt des Marchandises débarquées en dehors du Dock. | LIVRAISONS à la sortie DES MAGASINS — avec pesage, mesurage ou comptage | LIVRAISONS à la sortie DES MAGASINS — sans pesage, ni mesurage ou comptage | MANUTENTIONS EXTRA — Arrimage | MANUTENTIONS EXTRA — Désarrimage. | MANUTENTIONS EXTRA — Pesage. | |
| SALPÊTRE | » 08 | » 10 | » 20 | » 09 | » 11 | » 07 | » 07 | » 05 | » 05 | » 10 |
| SALSEPAREILLE | » 12 | » 16 | » 24 | » 12 | » 14 | » 10 | » 08 | » 06 | » 06 | » 60 |
| SANDARAQUE | » 10 | » 13 | » 22 | » 10 | » 15 | » 10 | » 10 | » 07 | » 06 | » 20 |
| SANG-DRAGON | » 10 | » 18 | » 30 | » 15 | » 15 | » 10 | » | » 07 | » 06 | » 40 |
| SAVON autre que pour la parfumerie. | » 09 | » 11 | » 22 | » 10 | » 11 | » 08 | » 08 | » 05 | » 05 | » 15 |
| SCAMMONÉE | » 12 | » 18 | » 30 | » 15 | » 15 | » 10 | » 12 | » 07 | » 06 | » 20 |
| SEL de soude | » 08 | » 10 | » 19 | » 09 | » 10 | » 06 | » 06 | » 04 | » 05 | » 15 |
| SELS médicinaux | » 10 | » 16 | » 30 | » 15 | » 15 | » 10 | » 10 | » 07 | » 06 | » 35 |
| SEMEN-CONTRA | » 10 | » 18 | » 30 | » 15 | » 15 | » 10 | » 10 | » 07 | » 06 | » 40 |
| SÉNÉ | » 11 | » 20 | » 35 | » 20 | » 30 | » 20 | » 15 | » 10 | » 08 | » 30 |
| SIMAROUBA | » 11 | » 20 | » 35 | » 20 | » 30 | » 20 | » 15 | » 10 | » 08 | » 30 |
| SIROPS de table en caisses | » 12 | » 20 | » 35 | » 20 | » 23 | » 17 | » 17 | » 12 | » 08 | » 45 |
| SOIE moulinée | » 18 | » 25 | » 38 | » 20 | » 25 | » 16 | » 16 | » 10 | » 10 | 1 50 |
| SOIE écrue ou grège | » 18 | » 25 | » 38 | » 20 | » 22 | » 16 | » 16 | » 10 | » 10 | 1 » |
| SOIE de porc en colis | » 12 | » 20 | » 20 | » 10 | » 15 | » 10 | » 10 | » 06 | » 06 | » 20 |
| SOUDE en grenier | » 08 | » 08 | » 20 | » 08 | » 09 | » 05 | » 06 | » 05 | » 05 | » 10 |
| D° en colis | » 07 | » 08 | » 19 | » 08 | » 09 | » 05 | » 06 | » 05 | » 05 | |
| SOUFRE brut en grenier | » 08 | » 08 | » 20 | » 09 | » 10 | » 05 | » 06 | » 05 | » 05 | » 20 |
| D° en fûts | » 07 | » 08 | » 20 | » 09 | » 10 | » 05 | » 06 | » 05 | » 05 | » 20 |
| SPARTERIE | » 10 | » 17 | » 30 | » 17 | » 20 | » 10 | » 12 | » 09 | » 10 | » 40 |
| SPERMACETI | » 10 | » 16 | » 30 | » 16 | » 20 | » 15 | » 15 | » 10 | » 07 | » 20 |
| SUCRE blanc terré et raffiné en colis | » 10 | » 15 | » 25 | » 15 | » 15 | » 10 | » 12 | » 08 | » 06 | » 15 |
| SUCRE brut en barriques | » 08 | » 09 | » 17 | » 07 | » 08 | » 06 | » 06 | » 04 | » 04 | » 10 |
| D° en sacs | » 08 | » 10 | » 20 | » 09 | » 09 | » 06 | » 07 | » 04 | » 05 | » 10 |
| D° en caisses de Havane | » 08 | » 09 | » 21 | » 08 | » 09 | » 06 | » 07 | » 04 | » 04 | » 10 |
| D° en caisses du Brésil | » 10 | » 12 | » 22 | » 10 | » 11 | » 08 | » 08 | » 05 | » 05 | » 10 |
| SUIF en fûts ou en caisses | » 08 | » 10 | » 19 | » 08 | » 10 | » 05 | » 06 | » 04 | » 05 | » 12½ |
| SULFATE de potasse et de soude | » 08 | » 10 | » 19 | » 09 | » 10 | » 06 | » 06 | » 04 | » 05 | » 10 |

| DÉSIGNATION DES MARCHANDISES. | TARIF DES MANUTENTIONS PAR 100 KILOG. | | | | | | | | | TARIF de Magasinage par mois et par 100 kilog. — TARIF de la ville. |
|---|---|---|---|---|---|---|---|---|---|---|
| | Débarquement et mise sous hangar. | Livraison ou reconnaissance sur le quai avec pesage, mesurage ou comptage | Transport et mise en Entrepôt des Marchandises débarquées dans le Dock. | Mise en Entrepôt des Marchandises débarquées en dehors du Dock. | LIVRAISONS à la sortie DES MAGASINS — avec pesage, mesurage ou comptage | LIVRAISONS à la sortie DES MAGASINS — sans pesage, ni mesurage ou comptage | MANUTENTIONS EXTRA — Arrimage | MANUTENTIONS EXTRA — Désarrimage. | MANUTENTIONS EXTRA — Pesage. | |
| SUMAC | » 12 | » 16 | » 24 | » 12 | » 12 | » 09 | » 08 | » 06 | » 06 | » 10 |
| TABAC en fûts | » 09 | » 12 | » 20 | » 09 | » 10 | » 07 | » 07 | » 04 | » 05 | en feuilles » 15 |
| D° en balles pressées | » 11 | » 18 | » 21 | » 10 | » 12 | » 08 | » 08 | » 05 | » 05 | fabriqués en carottes » 75 |
| D° en balles non pressées | » 12 | » 22 | » 25 | » 12 | » 14 | » 09 | » 09 | » 06 | » 06 | |
| TABLETTERIE | » 20 | » 50 | » 50 | » 30 | » 50 | » 30 | » 25 | » 20 | » 20 | » 50 |
| TABLEAUX | » 20 | » 50 | 1 » | » 50 | » 50 | » 30 | » 25 | » 20 | » 20 | 1 50 |
| TAFIA en fûts | » 08 | » 12 | » 27 | » 15 | » 15 | » | » 10 | » 08 | » 06 | » 25 |
| D° en caissse | » 15 | » 25 | » 35 | » 20 | » 25 | » | » 20 | » 10 | » 10 | » 50 |
| TAMARIN | » 12 | » 16 | » 24 | » 12 | » 14 | » 10 | » 08 | » 06 | » 06 | » 15 |
| TANNINS | » 12 | » 16 | » 24 | » 12 | » 14 | » 10 | » 08 | » 06 | » 06 | » 20 |
| TAPIOCA | » 11 | » 15 | » 27 | » 14 | » 16 | » 12 | » 12 | » 06 | » 06 | » 20 |
| TAPIS | » 12 | » 24 | » 40 | » 20 | » 24 | » 20 | » 16 | » 16 | » 10 | 1 » |
| THÉS | » 20 | » 35 | » 45 | » 30 | » 35 | » 20 | » 25 | » 15 | » 15 | » 60 |
| TISSUS de fil ou de coton | » 12 | » 24 | » 40 | » 20 | » 24 | » 20 | » 16 | » 16 | » 10 | » 50 |
| D° de laine | » 12 | » 24 | » 40 | » 20 | » 24 | » 20 | » 16 | » 16 | » 10 | 1 » |
| D° de soie | » 20 | » 50 | » 60 | » 30 | » 50 | » 30 | » 25 | » 20 | » 20 | 1 50 |
| TOILES d'emballage et à voiles | » 12 | » 12 | » 25 | » 12 | » 12 | » 08 | » 10 | » 07 | » 06 | » 30 |
| TOLE brute (1) | » 10 | » 09 | » 25 | » 10 | » 12 | » 08 | » 08 | » 06 | » 06 | » 07½ |
| TULLE | » 20 | » 50 | » 60 | » 30 | » 50 | » 30 | » 25 | » 20 | » 20 | 2 » |
| VACHETTES en colis | » 11 | » 16 | » 20 | » 10 | » 13 | » 09 | » 09 | » 06 | » 06 | » 20 |
| VANILLE | » 30 | » 50 | » 60 | » 30 | » 50 | » 30 | » 25 | » 20 | » 20 | 4 » |
| VERMILLON | » 11 | » 20 | » 35 | » 20 | » 30 | » 20 | » 15 | » 10 | » 08 | 1 » |
| VERRES et cristaux emballés | » 20 | » 30 | » 50 | » 30 | » 50 | » 30 | » 20 | » 15 | » 15 | » 70 |
| VERROTERIE commune, vitrification et verre à vitre | » 10 | » 17 | » 30 | » 17 | » 20 | » 10 | » 12 | » 09 | » 10 | » 40 |
| VÉTYVER | » 11 | » 20 | » 35 | » 20 | » 30 | » 20 | » 15 | » 10 | » 08 | » 20 |
| VINAIGRE ordinaire en fûts | » 08 | » 12 | » 27 | » 15 | » 15 | » | » 10 | » 08 | » 06 | » 15 |
| VINS de liqueur en caisses | » 15 | » 25 | 35 | » 20 | » 25 | » | » 20 | » 10 | » 10 | » 50 |

(1) En plus les lotissements autres que ceux exigés par la Douane.

| DÉSIGNATION DES MARCHANDISES. | TARIF DES MANUTENTIONS PAR 100 KILOG. | | | | | | | | | TARIF de Magasinage par mois et par 100 kilog. — TARIF de la ville. |
|---|---|---|---|---|---|---|---|---|---|---|
| | Débarquement et mise sous hangar. | Livraison ou reconnaissance sur le quai avec pesage, mesurage ou comptage | Transport et mise en Entrepôt des Marchandises débarquées dans le Dock. | Mise en Entrepôt des Marchandises débarquées en dehors du Dock. | LIVRAISONS à la sortie DES MAGASINS avec pesage, mesurage ou comptage | LIVRAISONS à la sortie DES MAGASINS sans pesage, ni mesurage ou comptage | MANUTENTIONS EXTRA Arrimage. | MANUTENTIONS EXTRA Désarrimage. | MANUTENTIONS EXTRA Pesage. | |
| VINS ordinaires en fûts.............. | » 08 | » 12 | » 27 | » 15 | » 15 | » | » 10 | » 08 | » 06 | » 25 |
| D° en caisses.................... | » 15 | » 25 | » 35 | » 20 | » 25 | » | » 20 | » 10 | » 10 | » 50 |
| VOITURES à 2 roues (par voiture).. | de gré à gré. | » | » | » | » | » | » | » | » | 5 » |
| D° à 4 roues (par voiture).. | | | | | | | | | | 10 » |
| ZINC en feuilles..................... | » 08 | » 08 | » 19 | » 08 | » 10 | » 05 | » 07 | » 05 | » 05 | » 04½ |
| D° en plaques ou en lingots...... | » 06 | » 06 | » 16 | » 05 | » 07 | » 03 | » 04 | » 03 | » 04 | » 03 |

## TARIF DES CAS IMPRÉVUS.

Les travaux de main-d'œuvre non prévus au Tarif, demandés par le commerce, seront payés suivant le temps employé, conformément au tarif suivant :

Par journée d'ouvrier.................................. 4 f. 50
Par demi-journée.......................................... 2 50
Par heure..................................................... » 80

---

## TARIF DES BULLETINS DE POIDS DÉTAILLÉS

**Autres que ceux mentionnés à l'art. 17 du Règlement, § 2.**

Jusqu'à cent pesées.................................. » f. 01 c. par pesée.
Pour chaque pesée en sus........................... » » ½ c.

Sans que le prix d'un bulletin de poids détaillé puisse dépasser le maximum de 10 francs, ni descendre au-dessous de 20 centimes.

---

## TARIF DES DROITS DE BUREAU POUR DÉCLARATIONS ET ACQUITTEMENTS EN DOUANE.

| | | | |
|---|---|---|---|
| DÉCLARATIONS A L'ENTRÉE | de consommation | | 2 » |
| | de transit | | 2 » |
| | d'entrée en entrepôt | | 2 » |
| | de transbordement | mutation d'entrepôt | 2 » |
| | | réexportation | 1 50 |
| | d'avaries | | 1 » |
| | d'échantillonnage | | » 50 |
| DÉCLARATIONS A LA SORTIE | de consommation | | 2 » |
| | de transit | | 2 » |
| | de mutation d'entrepôt | | 2 » |
| | de réexportation | | 1 50 |
| | d'exportation | | 1 50 |
| | de transfert | | 1 » |
| | Primes dites d'ailleurs. | Le prem. passavant et la prem. décl. | » 60 |
| | | Les autres déclarations sur le même passavant, chacune | » 25 |
| | Acquits de payement ou transit. | Le premier, et déclaration unique | » 55 |
| | | coupure, chacune | » 25 |

Tous les imprimés nécessaires aux relations du commerce avec la Douane ou l'administration des docks sont délivrés gratuitement, non compris les timbres.

Droits pour acquittements en Douane, au comptant ou à terme :

| | | | | | | |
|---|---|---|---|---|---|---|
| De | 100 | francs | et au-dessous | par quittance | » | 75 |
| De | 101 | d° | à 1000 | d° | 1 | 25 |
| De | 1,001 | d° | à 5000 | d° | 2 | 25 |
| De | 5,001 | d° | à 10000 | d° | 3 | 25 |
| De | 10,001 | d° | et au-dessus | d° | 5 | » |

Chaque droit d'acquittement est perçu en échange des quittances de Douane. Si une quittance n'est pas remboursée à présentation, il est dû de plus 1 franc pour chaque course, sans préjudice du droit que se réserve l'administration de cesser d'acquitter pour le compte des personnes qui auraient fait attendre un remboursement.

# TARIF DES TRAVAUX DE VOILERIE.

## CONDITIONS GÉNÉRALES RELATIVES AUX TRAVAUX DE VOILERIE

Les opérations dites : *Recevoir du navire, surveiller les avaries avec conditionnement d'usage*, comprennent : toutes les opérations nécessaires pour la reconnaissance par la douane, et pour celle des avaries et leur constatation, le marquage et la série, quand il y a lieu et quand il n'est pas autrement stipulé au Tarif.

Les opérations dites : *Ouvrir et fermer pour examen ou vente publique*, comprennent : tout le travail d'usage, y compris le numérotage des lots.

Les opérations dites : *Recevoir en magasin et conditionner, pour remettre en magasin ou pour expédier*, comprennent : toutes les opérations nécessaires pour la reconnaissance et l'arbitrage de la marchandise, avec marquage et numérotage, s'il y a lieu, quand il n'est pas autrement stipulé au Tarif.

Les opérations dites : *Surveiller le désarrimage à la livraison ou à la sortie*, comprennent la mise de la marchandise en état d'être livrée et le ramassage de la marchandise échappée des colis et susceptible d'y être réintégrée.

Toutes les opérations de voilerie comprennent les fournitures, moins la corde et la toile, qui se payent en sus.

Les opérations d'échantillonnage comprennent la remise des échantillons à domicile.

Tout marquage, compris dans une opération de voilerie, ne peut dépasser six lettres, chiffres ou figures ; au delà, le supplément de marquage sera payé suivant le Tarif.

En aucun cas le marquage ne pourra être compris dans les opérations de voilerie désignées comme suit :

*Échantillonner seulement.*
*Surveiller le désarrimage à la livraison ou à la sortie.*

Les travaux de voilerie non désignés au Tarif seront payés par assimilation avec ceux tarifés pour des marchandises analogues.

## Arachides en sacs.

Recevoir du navire, veiller aux avaries, conditionnement d'usage avec ou sans marquage :

| | |
|---|---|
| Sans échantillonnage | » 04 |
| Échantillonnage en commune | » 05 ½ |
| — en détail | » 07 ½ |
| Échantillonnage en magasin, en commune | » 03 |
| Marquer, ouvrir et fermer, pour examen ou vente publique | » 05 |

Réception en magasin, conditionnement pour remettre en magasin :

| | |
|---|---|
| Sans échantillonner | » 03 |
| Avec échantillonnage en commune | » 04 ½ |
| — en détail | » 06 |
| Surveiller le désarrimage à la livraison ou à la sortie | » 01 ½ |

Recevoir et conditionner pour l'expédition :

| | |
|---|---|
| Sans échantillonner | » 04 |
| Avec échantillonnage en commune | » 05 ½ |
| — en détail | » 07 ½ |
| En grenier : Fermer les sacs avec marquage | » 10 |
| — sans marquage | » 08 |

## Borax en sacs.

Recevoir du navire, surveiller les avaries, conditionnement d'usage :

| | |
|---|---|
| Sans échantillonnage | » 04 ½ |
| Avec échantillonnage en commune | » 05 ½ |
| — en détail | » 07 ½ |

Echantillonner en magasin :

| | |
|---|---|
| En commune | » 03 |
| En détail | » 04 |
| Marquer, ouvrir et fermer pour la vente publique | » 05 |
| Tarer | » 30 |

Recevoir du magasin et conditionner pour remettre en magasin :

| | |
|---|---|
| Sans échantillonnage | » 07 |
| Avec échantillonnage en détail ou en commune | » 08 |

Recevoir et conditionner pour l'expédition :

| | |
|---|---|
| Sans échantillonnage | » 09 |
| Avec échantillonnage en détail ou en commune | » 10 |
| Surveiller le désarrimage à la livraison ou à la sortie | » 05 ou à la journée |

## Café, Cacao, Girofle, Piment, Poivre, Salpêtre de l'Inde, en sacs.

Recevoir du navire, surveiller les avaries, conditionnement d'usage avec ou sans numérotage de série :

| | |
|---|---|
| Sans échantillonnage | » 04 ½ |
| Avec échantillonnage en commune | » 05 ½ |
| Avec échantillonnage en détail | » 07 ½ |

Échantillonner en magasin :

| | |
|---|---|
| En commune | » 03 |
| En détail | » 04 |
| Marquer, ouvrir et fermer pour la vente publique | » 05 |
| Tarer [1] | » 30 |

Recevoir du magasin et conditionner pour remettre en magasin :

| | |
|---|---|
| Sans échantillonnage | » 03 ½ |
| Avec échantillonnage en commune | » 04 ½ |
| — en détail | » 06 |

Recevoir et conditionner pour l'expédition :

| | |
|---|---|
| Sans échantillonnage | » 04 |
| Avec échantillonnage en commune | » 05 ½ |
| — en détail | » 08 |
| Surveiller le désarrimage à la livraison ou à la sortie | » 01 ½ |
| *Poivre en grenier* : Fermeture des sacs sans marquage | » 08 |
| — — avec marquage | » 10 |

## Cachou en sacs.

Recevoir du navire, veiller aux avaries, conditionnement d'usage :

| | |
|---|---|
| Avec échantillonnage en commune | » 05 |
| Sans échantillonnage | » 04 |
| Échantillonnage en magasin, en commune | » 04 |
| Marquer, ouvrir et fermer pour la vente publique | » 05 |
| Tarer | » 30 |

Recevoir du magasin, et conditionner pour remettre en magasin :

| | |
|---|---|
| Sans échantillonnage | » 08 |
| Avec échantillonnage en commune | » 10 |

Recevoir et conditionner pour l'expédition :

| | |
|---|---|
| Sans échantillonnage | » 12 |
| Avec échantillonnage en commune | » 15 |
| Emballage | » 25 |
| Surveiller le désarrimage à la livraison ou à la sortie | » 01 ½ |

[1] Tare des cafés Moka : la balle ........ 1 fr.
— — la demi balle ........ » 50

## Cannelle.

| | DE CHINE EN PAQUETS | DE CEYLAN EN BALLES |
|---|---|---|
| Recevoir du navire, veiller aux avaries, conditionnement d'usage : | f. c. | f. c. |
| Sans échantillonner | » 03 | » 15 |
| Avec échantillonnage | » 05 | » 25 |
| Échantillonner en magasin | » 04 | » 20 |
| Ouvrir, fermer, avec ou sans marque, pour examen ou vente publique | » 03 | » 10 |
| Tarer | » 06 | » 50 |
| Recevoir du magasin et conditionner pour remettre en magasin : | | |
| Sans échantillonner | » 03 | » 15 |
| Avec échantillonnage | » 05 | » 25 |
| Recevoir et conditionner pour expédition : | | |
| Sans échantillonner | » 03 | » 20 |
| Avec échantillonnage | » 05 | » 30 |

## Caoutchouc (en sacs).

| | |
|---|---|
| Recevoir du navire, veiller aux avaries, conditionnement d'usage : | |
| Sans échantillonnage | » 15 |
| Avec échantillonnage en détail ou en commune | » 30 |
| Échantillonner en magasin en détail ou en commune | » 20 |
| Marquer, ouvrir et fermer pour la vente publique | » 05 |
| Tarer | » 30 |
| Recevoir du magasin, échantillonner en détail, ou en commune, et conditionner pour remettre en magasin | » 25 |
| Recevoir et conditionner pour l'expédition : | |
| Sans échantillonnage | » 20 |
| Avec échantillonnage en détail ou en commune | » 30 |

## Cire en balles.

Recevoir du navire, veiller aux avaries, conditionnement d'usage :

| | |
|---|---|
| Sans échantillonnage | » 15 |
| Avec échantillonnage en détail ou en commune | » 30 |
| Échantillonner en magasin en détail ou en commune | » 20 |
| Marquer, ouvrir et fermer pour la vente publique | » 05 |
| Tarer | » 30 |
| Recevoir du magasin, échantillonner et conditionner, pour remettre en magasin | » 25 |

Recevoir et conditionner pour l'expédition :

| | |
|---|---|
| Sans échantillonnage | » 30 |
| Avec échantillonnage en détail ou en commune | » 30 |

## Cochenille, Ipécacuanha, Jalap, Quinquina.

| | EN SURONS | EN SACS. |
|---|---|---|
| | f. c. | f. c. |
| Recevoir du navire, veiller aux avaries, conditionnement d'usage : | | |
| Sans échantillonnage | » 25 | » 15 |
| Avec échantillonnage | » 50 | » 25 |
| Échantillonner en magasin | » 50 | » 20 |
| Marquer, ouvrir et fermer pour la vente publique | » 25 | » 15 |
| Tarer ou vider | 1 » | » 50 |
| Recevoir du magasin, échantillonner et conditionner pour remettre en magasin, sans vider | » 50 | » 25 |
| Recevoir et conditionner pour l'expédition, sans vider : | | |
| Sans échantillonnage | » 25 | » 20 |
| Avec échantillonnage | » 50 | » 25 |
| Emballage des surons | » 50 | » |

## Cotons.

| | COTONS PRESSÉS EN BALLES. | COTONS DU BRÉSIL ET DU PÉROU. | COTONS en ballotins de toutes provenances. |
|---|---|---|---|
| | f. c. | f. c. | f. c. |
| Recevoir du navire, veiller aux avaries, conditionnement d'usage sans faire de séries : | | | |
| Sans échantillonner. | » 10 | » 10 | » 10 |
| Avec échantillonnage. | » 17½ | » 15 | » 15 |
| Recevoir du navire, veiller aux avaries, conditionnement d'usage, avec numérotage par série : | | | |
| Sans échantillonner. | » 10 | » 10 | » 10 |
| Avec échantillonnage. | » 20 | » 17½ | » 17½ |
| Échantillonner en magasin. | » 10 | » 08 | » 08 |
| Disposition pour la vente publique. | » 10 | » 10 | » 10 |
| Recevoir du magasin : | | | |
| Echantillonner et conditionner pour remettre en magasin | » 20 | » 17½ | » 15 |
| Sans échantillonner. | » 15 | » 12½ | » 10 |
| Recevoir et conditionner pour l'expédition : | | | |
| Sans échantillonner ni marquer. | » 20 | » 20 | » 12 |
| Avec échantillonnage et marquage. | » 28 | » 28 | » 20 |
| — sans marquage. | » 24 | » 24 | » 16 |
| Conditionnement d'expédition après vente publique. | » 50 | » 50 | » 35 |
| Recorder les balles à la livraison, les mettre sur quatre cordes (par balle recordée, fourniture de cordes en plus). | » 15 | » | » |

## Crins.

| | PETITS SURONS ou ballotins jusqu'à 100 kilog. | SURONS ou balles de 101 kilog. et au-dessus. |
|---|---|---|
| Recevoir du navire, veiller aux avaries, conditionnement d'usage avec ou sans série : | f. c. | f. c. |
| Sans échantillonner | » 10 | » 12 |
| Avec échantillonnage | » 17 ½ | » 30 |
| Échantillonner en magasin | » 08 | » 16 |
| Disposition pour la vente publique, et remettre le crin dans les balles | » 20 | » 30 |
| Tarer[1] | » 60 | 1 10 |
| Recevoir du magasin, et conditionner pour remettre en magasin : | | |
| Avec échantillonnage | » 15 | » 35 |
| Sans échantillonnage | » 10 | » 25 |
| Recevoir et conditionner pour l'expédition, avec ou sans marquage : | | |
| Sans échantillonnage | » 12 | » 35 |
| Avec échantillonnage | » 16 | » 45 |

Échantillonner les balles avec ouverture par le bout, compris fourniture de cordes: 70 centimes en sus du prix de l'échantillonnage ordinaire.

---

## Crin végétal et Mousse en balles.

| | |
|---|---|
| Recevoir du navire, veiller aux avaries, conditionnement d'usage, avec ou sans numérotage de série : | |
| Sans échantillonnage | » 10 |
| Avec échantillonnage | » 20 |
| Disposition pour la vente publique | » 15 |
| Echantillonner en magasin | » 10 |
| Recevoir du magasin, échantillonner et conditionner pour remettre en magasin | » 20 |
| Recevoir et conditionner pour l'expédition : | |
| Sans échantillonnage ni marquage | » 20 |
| Avec échantillonnage sans marquage | » 24 |
| — et marquage | » 28 |
| Conditionnement d'expédition après vente publique pour cause d'avaries | » 50 |

[1] Pour les balles ou surons de crin au-dessus de 300 kilog., les prix seront réglés de gré à gré.

## Curcuma, Gingembre.

| | EN SACS. | EN POCHETTES. |
|---|---|---|
| Recevoir du navire, surveiller les avaries, conditionnement d'usage : | f. c. | f. c. |
| Sans échantillonnage. | » 03 | » 02 |
| Avec échantillonnage en commune. | » 05 | » 03 |
| — en détail. | » 07 | » 05 |
| Échantillonner en magasin : | | |
| En commune. | » 03 | » 02 |
| En détail. | » 04 | » 04 |
| Marquer, ouvrir et fermer pour la vente publique. | » 03 | » 02 |
| Tarer. | » 15 | » 07 ½ |
| Recevoir du magasin et conditionner pour remettre en magasin : | | |
| Sans échantillonnage. | » 03 ½ | » 02 |
| Avec échantillonnage en commune. | » 04 ½ | » 03 |
| — en détail. | » 06 | » 05 |
| Recevoir et conditionner pour l'expédition : | | |
| Sans échantillonnage. | » 03 ½ | » 02 ½ |
| Avec échantillonnage en commune. | » 05 | » 03 ½ |
| — en détail. | » 06 ½ | » 05 ½ |
| Surveiller le désarrimage à la livraison ou à la sortie | » 01 ½ | » 00 ½ |

## Éponges en balles.

| | |
|---|---|
| Recevoir du navire, veiller aux avaries, conditionnement d'usage : | |
| Sans échantillonnage. | » 10 |
| Avec échantillonnage. | » 25 |
| Échantillonner en magasin. | » 20 |
| Disposition pour la vente publique. | » 10 |
| Recevoir du magasin, échantillonner et conditionner pour remettre en magasin. | » 25 |
| Recevoir et conditionner pour l'expédition : | |
| Sans échantillonnage. | » 20 |
| Avec échantillonnage. | » 25 |

## Fanons.

| | | |
|---|---|---|
| Recevoir du navire, veiller aux avaries et conditionnement d'usage | » | 05 |
| Refaire les paquets | » | 25 |
| Chausser les paquets | » | 25 |
| Mise en fardeaux de 2 à 5 paquets | 1 | » |
| Marquage à la peinture | » | 05 |

---

## Gommes en sacs.

| | | |
|---|---|---|
| Recevoir du navire, surveiller les avaries, conditionnement d'usage avec ou sans série : | | |
| Sans échantillonnage | » | 04 % |
| Avec échantillonnage en commune | » | 07 |
| — en détail | » | 10 |
| Échantillonner en magasin : | | |
| En commune | » | 05 |
| En détail | » | 06 |
| Marquer, ouvrir et fermer pour la vente publique | » | 05 |
| Tarer | » | 30 |
| Recevoir du magasin et conditionner pour remettre en magasin : | | |
| Sans échantillonnage | » | 04 |
| Avec échantillonnage en commune | » | 06 |
| — en détail | » | 08 |
| Recevoir et conditionner pour l'expédition : | | |
| Sans échantillonnage | » | 04 |
| Avec échantillonnage en commune | » | 07 |
| — en détail | » | 09 |
| Surveiller le désarrimage à la livraison ou à la sortie | » | 01 % |

---

## Grains et Graines (Blés et Maïs en sacs).

Recevoir du navire, veiller aux avaries, conditionnement d'usage :

| | |
|---|---|
| Sans échantillonnage | » 03 |
| Avec échantillonnage | » 05 |
| Échantillonner en magasin | » 02 ½ |
| Marquer, ouvrir et fermer pour la vente publique | » 05 |
| Tarer | » 30 |

Recevoir du magasin et conditionner pour remettre en magasin :

| | |
|---|---|
| Sans échantillonnage | » 02 ½ |
| Avec échantillonnage | » 03 ½ |

Recevoir et conditionner pour l'expédition :

| | |
|---|---|
| Sans échantillonnage | » 03 |
| Avec échantillonnage | » 04 |
| Surveiller le désarrimage à la livraison et à la sortie | » 01 |
| En grenier : Fermer les sacs avec marquage | » 07 |
| — sans marquage | » 05 |
| Recoudre les emballages des barils de graine de lin | » 10 |

## Guano.

| | |
|---|---|
| Fermer les sacs avec ou sans marquage | » 08 |
| Fermer les sacs, avec plombage et écrasage du plomb | » 12 |
| Expédier, marquer, surveiller le conditionnement | » 05 |

## Houblon en balles.

Recevoir du navire, veiller aux avaries, conditionnement d'usage avec ou sans numérotage de série :

| | |
|---|---|
| Sans échantillonnage | » 15 |
| Avec échantillonnage | » 25 |
| Disposition pour la vente publique | » 10 |
| Échantillonner en magasin | » 15 |
| Recevoir des magasins, échantillonner et conditionner pour remettre en magasin | » 25 |

Recevoir et conditionner pour l'expédition :

| | |
|---|---|
| Sans échantillonnage | » 25 |
| Avec échantillonnage | » 30 |

## Indigo en surons, et toutes Drogueries non dénommées en surons.

Recevoir du navire, veiller aux avaries, conditionnement d'usage :

| | |
|---|---|
| Sans échantillonnage | » 25 |
| Avec échantillonnage simple ou double | » 50 |
| Échantillonnage en magasin | » 50 |
| Marquer, ouvrir et fermer pour la vente publique | » 25 |
| Tarer | 1 » |
| Recevoir en magasin, échantillonner et conditionner pour remettre en magasin | » 50 |

Recevoir et conditionner pour l'expédition :

| | |
|---|---|
| Sans échantillonnage | » 25 |
| Avec échantillonnage | » 50 |
| Emballage des surons | » 50 |
| Emballage des indigos en caisses | 1 » |
| Simple conditionnement d'expédition pour les caisses | » 50 |

## Laines.

| | EN BALLES de LA PLATA. | EN BALLES pressées ou non pressées de toutes provenances autres que de la Plata. | EN BALLOTINS de toutes provenances |
|---|---|---|---|
| Recevoir du navire, veiller aux avaries, conditionnement d'usage, avec ou sans série : | | | |
| Sans échantillonnage | » 12 | » 10 | » 10 |
| Avec échantillonnage | » 30 | » 20 | » 17 ½ |
| Échantillonnage en magasin | » 16 | » 10 | » 08 |
| Recevoir du magasin, et conditionner pour remettre en magasin, avec ou sans marquage : | | | |
| Avec échantillonnage | » 30 | » 20 | » 15 |
| Sans échantillonnage | » 22 | » 15 | » 10 |
| Recevoir et conditionner pour l'expédition, avec ou sans marquage : | | | |
| Sans échantillonnage | » 30 | » 20 | » 12 |
| Avec échantillonnage | » 40 | » 28 | » 16 |
| Disposition pour la vente publique, — et remettre la laine dans les balles après la vente | » 30 | » 30 | » 20 |

### Marchandises non dénommées en balles non pressées.

Recevoir du navire, surveiller les avaries, conditionnement d'usage, avec ou sans série :

| | |
|---|---|
| Sans échantillonnage | » 12 |
| Avec échantillonnage | » 22 |
| Échantillonnage en magasin | » 15 |
| Ouvrir et fermer pour la vente publique | » 10 |
| Recevoir du magasin : | |
| Échantillonner et conditionner pour remettre en magasin | » 30 |
| Sans échantillonnage | » 20 |
| Recevoir et conditionner pour l'expédition, avec ou sans marquage : | |
| Sans échantillonnage | » 30 |
| Avec échantillonnage | » 40 |
| Conditionnement d'expédition des balles après vente publique pour avaries | » 50 |

NOTA. Les balles ou ballots d'un poids inférieur à 100 kil. payeront 30 0/0 de moins que les prix ci-dessus.

### Marchandises non dénommées en balles pressées.

Recevoir du navire, veiller aux avaries, conditionnement d'usage, sans faire de série :

| | |
|---|---|
| Sans échantillonnage | » 10 |
| Avec échantillonnage | » 17 |
| Recevoir du navire, veiller aux avaries, conditionnement d'usage avec numérotage par série : | |
| Sans échantillonnage | » 10 |
| Avec échantillonnage | » 20 |
| Disposition pour la vente publique | » 10 |
| Echantillonner en magasin | » 10 |
| Recevoir du magasin : | |
| Échantillonner et conditionner pour remettre en magasin | » 20 |
| Sans échantillonnage | » 12 |
| Recevoir et conditionner pour l'expédition : | |
| Sans échantillonnage ni marquage | » 20 |
| Avec échantillonnage sans marquage | » 24 |
| Avec échantillonnage et marquage | » 28 |
| Conditionnement d'expédition après vente publique pour cause d'avaries | » 50 |
| Recorder les balles à la livraison, les mettre sur quatre cordes (par balle recordée, fourniture de cordes en plus) | » 15 |

NOTA. Les balles ou ballots d'un poids inférieur à 100 kil. payeront 30 0/0 de moins que les prix ci-dessus.

## Marchandises non dénommées en sacs.

Recevoir du navire, surveiller les avaries, conditionnement d'usage, avec ou sans numérotage de série :

| | |
|---|---|
| Sans échantillonnage | » 04 ½ |
| Avec échantillonnage en commune | » 05 ½ |
| — en détail | » 07 ½ |

Échantillonner en magasin :

| | |
|---|---|
| En commune | » 03 |
| En détail | » 04 |
| Marquer, ouvrir et fermer pour la vente publique | » 05 |
| Tarer | » 30 |

Recevoir du magasin et conditionner pour remettre en magasin :

| | |
|---|---|
| Sans échantillonnage | » 03 ½ |
| Avec échantillonnage en commune | » 04 ½ |
| — en détail | » 06 |

Recevoir et conditionner pour l'expédition :

| | |
|---|---|
| Sans échantillonnage | » 04 |
| Avec échantillonnage en commune | » 05 ½ |
| — en détail | » 08 |
| Surveiller le désarrimage à la livraison ou à la sortie | » 01 ½ |

## Marchandises non dénommées en surons.

Recevoir du navire, veiller aux avaries, conditionnement d'usage :

| | |
|---|---|
| Sans échantillonnage | » 25 |
| Avec échantillonnage sous simple ou double emballage | » 50 |
| Échantillonner en magasin | » 50 |
| Marquer, ouvrir et fermer pour la vente publique | » 25 |
| Tarer | 1 » |
| Recevoir en magasin, échantillonner et conditionner pour remettre en magasin | » 50 |

Recevoir et conditionner pour l'expédition :

| | |
|---|---|
| Sans échantillonnage | » 25 |
| Avec échantillonnage | » 50 |
| Emballage des surons | » 50 |

## Minerais en sacs.

| | |
|---|---|
| Recevoir du navire, veiller aux avaries, conditionnement d'usage : | |
| Sans échantillonnage | » 02 |
| Avec échantillonnage en commune | » 04 |
| Echantillonner en magasin en commune | » 03 ½ |
| Marquer, ouvrir et fermer pour la vente publique | » 04 |
| Tarer | » 20 |
| Recevoir du magasin, échantillonner en commune et conditionner pour remettre en magasin | » 03 ½ |
| Recevoir et conditionner pour l'expédition : | |
| Sans échantillonnage | » 02 |
| Avec échantillonnage en commune | » 04 |
| Surveiller le désarrimage à la livraison ou à la sortie | » 01 |

---

## Nitrates de soude en sacs.

| | |
|---|---|
| Recevoir du navire, surveiller les avaries, conditionnement d'usage : | |
| Sans échantillonnage | » 04 ½ |
| Avec échantillonnage en commune | » 05 ¼ |
| — en détail | » 07 ½ |
| Échantillonner en magasin : | |
| En commune | » 03 |
| En détail | » 04 |
| Marquer, ouvrir et fermer pour la vente publique | » 05 |
| Tarer | » 30 |
| Recevoir du magasin et conditionner pour remettre en magasin : | |
| Sans échantillonnage | » 07 |
| Avec échantillonnage en détail ou en commune | » 08 |
| Recevoir et conditionner pour l'expédition : | |
| Sans échantillonnage | » 09 |
| Avec échantillonnage en détail ou en commune | » 10 |
| Surveiller le désarrimage à la livraison, ou à la sortie | » 05 ou à la journée. |

---

## Orseille en sacs.

Recevoir du navire, veiller aux avaries, conditionnement d'usage avec ou sans numérotage de série :

| | | |
|---|---|---|
| Sans échantillonnage | » | 10 |
| Avec échantillonnage | » | 17 |
| Échantillonnage en magasin | » | 10 |
| Disposition pour la vente publique | » | 12 |
| Recevoir du magasin, échantillonner et conditionner pour remettre en magasin | » | 17 |

Recevoir et conditionner pour l'expédition :

| | | |
|---|---|---|
| Sans échantillonnage ni marquage | » | 17 |
| Avec échantillonnage sans marquage | » | 22 |
| — et marquage | » | 25 |
| Conditionnement d'expédition après vente publique | » | 40 |

---

## Plumes d'Autruche et de Vautour en balles.

Recevoir du navire, veiller aux avaries, conditionnement d'usage avec ou sans série :

| | | |
|---|---|---|
| Sans échantillonnage | » | 12 |
| Avec échantillonnage | » | 30 |
| Echantillonnage en magasin | » | 16 |
| Recevoir du magasin, échantillonner et conditionner pour remettre en magasin | » | 30 |

Recevoir et conditionner pour l'expédition, avec ou sans marquer :

| | | |
|---|---|---|
| Sans échantillonnage | » | 30 |
| Avec échantillonnage | » | 40 |
| Disposition pour la vente publique, et remettre la plume dans les balles | » | 35 |

---

## Peaux de Mouton, Vachettes et toutes Pelleteries en balles.

| | | |
|---|---|---|
| Recevoir du navire, veiller aux avaries, conditionnement d'usage : | | |
| Sans échantillonner ni ouvrir | » | 12 |
| Avec échantillonnage | 1 | » |
| Échantillonner en magasin | 1 | » |
| Compter les peaux et refaire les balles | 3 | 50 |
| Ouvrir avec ou sans marque pour examen ou vente publique | 1 | » |
| Recevoir et conditionner pour expédier ou remettre en magasin : | | |
| Sans échantillonner | » | 30 |
| Avec échantillonnage | 1 | » |

---

## Quercitron en sacs.

| | | |
|---|---|---|
| Recevoir du navire, surveiller les avaries, conditionnement d'usage avec ou sans numérotage de série : | | |
| Sans échantillonnage | » | 03 ½ |
| Echantillonnage en commune | » | 05 |
| — en détail | » | 07 ½ |
| Échantillonner en magasin : | | |
| En commune | » | 03 |
| En détail | » | 04 |
| Marquer, ouvrir et fermer pour la vente publique | » | 05 |
| Tarer | » | 30 |
| Recevoir du magasin, et conditionner pour remettre en magasin : | | |
| Sans échantillonnage | » | 03 |
| Avec échantillonnage en commune | » | 04 |
| — en détail | » | 06 |
| Recevoir et conditionner pour l'expédition : | | |
| Sans échantillonnage | » | 03 ½ |
| Échantillonnage en commune | » | 05 |
| — en détail | » | 07 |
| Surveiller le désarrimage à la livraison ou à la sortie | » | 01 ½ |

---

## Riz en sacs.

Recevoir du navire, veiller aux avaries, conditionnement d'usage :

| | |
|---|---|
| Sans échantillonnage | » 03 |
| Avec échantillonnage | » 05 |
| Échantillonner en magasin | » 02 ½ |
| Marquer, ouvrir et fermer pour la vente publique | » 05 |
| Tarer | » 30 |

Recevoir du magasin et conditionner pour remettre en magasin :

| | |
|---|---|
| Sans échantillonnage | » 02 ½ |
| Avec échantillonnage | » 03 ½ |

Recevoir et conditionner pour l'expédition :

| | |
|---|---|
| Sans échantillonnage | » 03 |
| Avec échantillonnage | » 04 |
| Surveiller le désarrimage à la livraison ou à la sortie | » 01 ½ |

## Rognures de cuir en balles.

Recevoir du navire, veiller aux avaries, conditionnement d'usage, avec ou sans série :

| | |
|---|---|
| Sans échantillonnage | » 10 |
| Avec échantillonnage | » 30 |
| Échantillonnage en magasin | » 16 |
| Recevoir du magasin, échantillonner et conditionner pour remettre en magasin | » 30 |

Recevoir et conditionner pour l'expédition avec ou sans marquer :

| | |
|---|---|
| Sans échantillonnage | » 30 |
| Avec échantillonnage | » 40 |

## Rocou en paniers.

Recevoir du navire, veiller aux avaries, conditionnement d'usage :

| | |
|---|---|
| Sans échantillonnage | » 10 |
| Avec échantillonnage | » 15 |
| Tarer | » 50 |

Recevoir et conditionner pour expédier ou pour remettre en magasin :

| | |
|---|---|
| Sans échantillonnage | » 15 |
| Avec échantillonnage | » 25 |

## Sucre en sacs[1].

Recevoir du navire, surveiller les avaries, conditionnement d'usage avec ou sans numérotage de série :

| | |
|---|---|
| Sans échantillonnage. | » 04 ½ |
| Avec échantillonnage en commune. | » 05 ½ |
| — en détail. | » 07 ½ |

Échantillonner en magasin :

| | |
|---|---|
| En commune. | » 03 |
| En détail. | » 04 |
| Marquer, ouvrir et fermer pour la vente publique | » 05 |
| Tarer | » 30 |

Recevoir du magasin, et conditionner pour remettre en magasin :

| | |
|---|---|
| Sans échantillonner. | » 03 ½ |
| Avec échantillonnage en commune. | » 04 ½ |
| — en détail. | » 06 |

Recevoir et conditionner pour l'expédition :

| | |
|---|---|
| Sans échantillonner. | » 04 |
| Avec échantillonnage en commune. | » 05 ½ |
| — en détail. | » 08 |
| Recevoir du magasin et surveiller le conditionnement avec ou sans marquage, pour le transport aux raffineries locales. | » 03 |
| Surveiller le désarrimage à la livraison ou à la sortie | » 01 ½ |

## Safranum en balles.

Recevoir du navire, veiller aux avaries, conditionnement d'usage, avec ou sans numérotage de série :

| | |
|---|---|
| Sans échantillonner ni ouvrir | » 10 |
| Avec échantillonnage. | » 20 |
| Échantillonnage en magasin | » 10 |
| Disposition pour la vente publique. | » 10 |

Recevoir du magasin :

| | |
|---|---|
| Échantillonner et conditionner pour remettre en magasin | » 20 |
| Sans échantillonnage. | » 15 |

Recevoir et conditionner pour l'expédition :

| | |
|---|---|
| Sans échantillonnage. | » 20 |
| Avec échantillonnage sans marquage | » 24 |
| — et marquage | » 28 |
| Conditionnement d'expédition après vente publique. | » 50 |

(1) Sucre indigène : surveiller le conditionnement à l'entrée ou à la sortie » f. 02 c.

## Salsepareille en balles.

Recevoir du navire, veiller aux avaries, conditionnement d'usage avec ou sans numérotage de série :

| | f. c. |
|---|---|
| Sans échantillonnage. . . . . . . . . . . . . . . . . . . . . | » 10 |
| Avec échantillonnage. . . . . . . . . . . . . . . . . . . . . | » 20 |
| Disposition pour la vente publique . . . . . . . . . . . . . . | » 10 |
| Échantillonnage en magasin. . . . . . . . . . . . . . . . . . | » 10 |

Recevoir du magasin, conditionner pour remettre en magasin :

| | |
|---|---|
| Sans échantillonnage. . . . . . . . . . . . . . . . . . . . . | » 15 |
| Avec échantillonnage. . . . . . . . . . . . . . . . . . . . . | » 20 |

Recevoir et conditionner pour l'expédition.

| | |
|---|---|
| Sans échantillonnage ni marquage. . . . . . . . . . . . . . . | » 20 |
| Avec échantillonnage sans marquage . . . . . . . . . . . . . . | » 24 |
| — et marquage. . . . . . . . . . . . . . . . . . . | » 28 |
| Conditionnement d'expédition après vente publique pour avaries. . . . . . . . . | » 50 |

## Tabac en balles.

Recevoir du navire, veiller aux avaries, conditionnement d'usage avec ou sans numérotage de série :

| | |
|---|---|
| Sans échantillonnage. . . . . . . . . . . . . . . . . . . . . | » 10 |
| Avec échantillonnage . . . . . . . . . . . . . . . . . . . . . | » 20 |
| Échantillonnage en magasin. . . . . . . . . . . . . . . . . . | » 10 |

Recevoir du magasin, conditionner pour remettre en magasin :

| | |
|---|---|
| Sans échantillonnage. . . . . . . . . . . . . . . . . . . . . | » 15 |
| Avec échantillonnage. . . . . . . . . . . . . . . . . . . . . | » 20 |

Recevoir et conditionner pour l'expédition, avec ou sans marquage :

| | |
|---|---|
| Sans échantillonnage. . . . . . . . . . . . . . . . . . . . . | » 22 |
| Avec échantillonnage. . . . . . . . . . . . . . . . . . . . . | » 28 |

## Thé.

| | CAISSES OU FARDEAUX | DEMI-CAISSES, QUARTS DE CAISSES, OU BOÎTES |
|---|---|---|
| | f. c. | f. c. |
| Emballages. . . . . . . . . . . . . . . . . . | » 50 | » 35 |
| Recoudre les emballages. . . . . . . . . . . . . | » 20 | » 10 |

# SUPPLÉMENT AU TARIF DE VOILERIE.

| | | |
|---|---|---|
| Jeter sur toile, bonifier et mélanger toutes marchandises en sacs. | » | 50 |
| Mise en fardeau avec marquage, étiquetage, et ficeler pour plomber (fourniture de corde en sus) : | | |
| — Latanier. | » | 40 |
| — Fanons. | 1 | » |
| — Rotins, bambous, joncs. | 1 | » |
| — Toutes marchandises en sacs (par 2 sacs). | » | 25 |
| Ficeler pour plomber : | | |
| Par balle ou fardeau. | » | 10 |
| Par ballotin, suron ou sac. | » | 05 |
| Marquage à la peinture, pour les bois, en lettres ou numéros seulement ou ensemble, avec ou sans indication de poids, par bille. | » | 05 |
| Marquage lorsque la marchandise ne donne lieu à aucune autre opération de voilerie : | | |
| Faire une série seulement, par sac. | » | 03 |
| — par balle ou ballotin. | » | 04 |
| Faire une série, et marquer jusqu'à six lettres, chiffres ou figures, par sac. | » | 04 |
| — — — par balle ou ballotin. | » | 05 |
| Chaque lettre ou chiffre, ou figure en plus. | » | 10 |
| Marquage des colis mis au dépôt. | » | 05 |
| Etiquetage sur toile ou sur bois (par colis). | » | 05 |
| Colis de toute nature. Emballage et marquage : | | |
| Au-dessus de 1 mètre cube. | 1 | » |
| Au-dessous — | » | 50 |
| Mettre des bandes et ficeler. | » | 50 |

## Fournitures de Voilerie.

| | | | |
|---|---|---|---|
| Toile à balles de 0m 75 de largeur | le mètre | » | 40 |
| — (vieille toile) | le kilogr. | » | 40 |
| Toile à sacs de 0m 75 de largeur | le mètre | » | 60 |
| Toile claire pour emballage de caisses de 1m 20 de largeur | — | » | 60 |
| Sacs vides à café Rio, de 1m à 1m 20 de long | le sac | 1 | 60 |
| — à café de toutes provenances, de moins de 1 mètre de long | — | 1 | 25 |
| — à guano | — | » | 90 |
| — à échantillons de minerais | — | » | 15 |
| Fil à coton | le kilogr. | 1 | 60 |
| — à café | — | 2 | » |
| — fin pour minerais | — | 2 | 50 |
| Cordes d'emballage | — | 1 | 30 |
| Paille | la botte | » | 60 |

## Prix des journées de voilier pour travaux non prévus au tarif.

| | | |
|---|---|---|
| La journée | 5 | 50 |
| La demi-journée | 3 | » |
| L'heure | 1 | » |

# TARIF DES TRAVAUX DE TONNELLERIE.

## CONDITIONS GÉNÉRALES RELATIVES AUX TRAVAUX DE TONNELLERIE.

Les opérations dites : *recevoir du navire, surveiller les avaries avec conditionnements d'usage*, comprennent :

Toutes les opérations nécessaires pour la reconnaissance par la douane et pour celle des avaries et leur constatation, la marque et la série, s'il y a lieu et quand il n'est pas autrement stipulé au tarif. L'ouverture des colis, quand elle n'est pas mentionnée au tarif, sera payée séparément.

Les opérations dites : *ouvrir et fermer pour examen ou vente publique*, comprennent :

Tout le travail d'usage, y compris les marquage et numérotage des lots.

Les opérations dites : *recevoir et conditionner pour expédier ou pour remettre en magasin*, comprennent :

Toutes les opérations nécessaires pour la reconnaissance et l'arbitrage de la marchandise, avec marquage et numérotage, s'il y a lieu, quand il n'est pas autrement stipulé au tarif ; l'ouverture des colis, quand elle n'est pas mentionnée au tarif, sera payée séparément.

Les opérations dites : *surveiller le désarrimage à la livraison ou à la sortie*, comprennent :

La mise de la marchandise en état d'être livrée, et le ramassage de la marchandise échappée des colis et susceptible d'y être réintégrée.

Le tarage tarifé spécialement se paye en sus des autres opérations.

Toutes les opérations de tonnellerie comprennent les fournitures, sauf :

1° Celles tarifées spécialement pour les liquides et autres articles;

2° Les cercles en fer;

3° Tous les contenants d'échantillons autres que ceux en papier.

Les opérations d'échantillonnage comprennent la remise des échantillons à domicile.

Tout marquage compris dans une opération de tonnellerie ne peut dépasser six lettres, chiffres ou figures : au-delà, le supplément de marquage sera payé suivant le tarif.

En aucun cas, le marquage ne pourra être compris dans les opérations de tonnellerie désignées comme suit :

*Échantillonner en magasin ; rebattre ; faire le plein ; nettoyer ou graisser ; surveiller le désarrimage.*

Les travaux de tonnellerie non désignes au tarif seront payés par assimilation avec ceux tarifés pour des marchandises analogues.

## Acier en fûts et en caisses.

| | COLIS de 1 à 200 kilog. | COLIS au-dessus de 200 kil. |
|---|---|---|
| | f. c. | f. c. |
| Recevoir du navire, surveiller les avaries, conditionnement d'usage. . | » 25 | » 35 |
| Ouvrir et fermer, avec ou sans marque, pour examen ou vente publique. | » 50 | » 50 |
| Recevoir et conditionner pour expédier. . . . . . . . . . | » 50 | » 75 |

---

## Anis étoillé en caisses.

**Alun,**
**Amandes,**
**Ambrette,**
**Arachides,**
**Arrow-root,**
**Avelanèdes,**
**Camphre,**
**Cannelle,**
**Cantharides,**
**Rhubarbe,**
**Réglisse,**
**Sagou,**

} **en caisses.**

Recevoir du navire, surveiller les avaries, conditionnement d'usage :

| | |
|---|---|
| Sans échantillonner ni ouvrir. . . . . . . . . . . . . . . . | » 20 |
| Avec échantillonnage à la sonde. . . . . . . . . . . . . . . | » 25 |
| — et ouverture. . . . . . . . . . . . . . . | » 50 |
| Tarer en sus des autres opérations. . . . . . . . . . . . . . . . . . . . | » 65 |
| Ouvrir et fermer avec ou sans marque pour examen ou vente publique. . . . . . . . | » 40 |
| Echantillonner seulement à la sonde. . . . . . . . . . . . . . . . . . . | » 20 |
| — avec ouverture. . . . . . . . . . . . . . . . . . . . . | » 50 |

Recevoir et conditionner pour expédier ou remettre en magasin :

| | |
|---|---|
| Sans échantillonner. . . . . . . . . . . . . . . . . . . | » 25 |
| Avec échantillonnage à la sonde. . . . . . . . . . . . . . . | » 35 |
| — et ouverture. . . . . . . . . . . . . . . | » 60 |
| Remonter la caisse. . . . . . . . . . . . . . . . . . . . . . | 1 25 |
| Surveiller le désarrimage à la livraison ou à la sortie. . . . . . . . . . . . | » 05 |
| Conditionner seulement sans échantillonner. . . . . . . . . . . . . . . | » 20 |
| — avec échantillonnage à la sortie . . . . . . . . . . . | » 25 |
| Pour coliage des caisses de sagou . . . . . . . . . . . . . . . . . . | 1 » |

### Antimoine en fûts ou en caisses.
**Agate en fûts ou en caisses.**

| | f. | c. |
|---|---|---|
| Recevoir du navire, surveiller les avaries, conditionnement d'usage | » | 60 |
| Tarer ou vider | 1 | » |
| Ouvrir et fermer pour examen ou vente publique | » | 60 |
| Recevoir et conditionner pour expédier et remettre en magasin | » | 70 |
| Surveiller le désarrimage | » | 10 |

### Arsenic en fûts et en caisses.
**Litharge en fûts et en caisses.**

| | f. | c. |
|---|---|---|
| Recevoir du navire, surveiller les avaries, conditionnement d'usage : | | |
| Sans échantillonner ni ouvrir | » | 15 |
| Avec échantillonnage à la sonde | » | 25 |
| — et ouverture | » | 60 |
| Tarer | 1 | 50 |
| Ouvrir et fermer, avec ou sans marque, pour examen ou vente publique | » | 50 |
| Recevoir et conditionner pour expédier ou remettre en magasin : | | |
| Sans échantillonner ni ouvrir | » | 20 |
| Avec échantillonnage à la sonde | » | 30 |
| — et ouverture | » | 65 |

### Baumes et Essences.

| | EN BARILS et tierçons. | | EN CAISSES. | |
|---|---|---|---|---|
| Recevoir du navire, surveiller les avaries, conditionnement d'usage (surveiller la vidange et l'arrimage des fûts). | f. | c. | f. | c. |
| Sans échantillonner ni ouvrir | » | 30 | » | 40 |
| Avec échantillonnage | » | 50 | » | » |
| Tarer les fûts | 1 | 50 | » | » |
| Echantillonner seulement les fûts | » | 25 | » | » |
| Rebattre | 1 | 50 | » | » |
| Recevoir, sonder et conditionner pour expédier ou remettre en magasin | » | 50 | » | » |
| Conditionnement pour expédier ou remettre en magasin les caisses | » | » | » | 50 |
| Ouverture simple de la caisse en bois | » | » | » | 50 |
| Ouvrir et vider les caisses | » | » | » | 75 |
| Tarer et échantillonner un estagnon, soudage compris | » | » | 1 | » |
| Echantillonner seulement les estagnons, soudage compris | » | » | » | 50 |

**Café en fûts et en caisses.**

**Amandes, Ambrette, Arachides, Arrow-root, Avelanèdes,** en fûts.
**Cacao,** en fûts et en caisses.
**Cachou, Camphre, Cantharides, Cochenille,** en fûts.
**Colle de poisson, Girofle,** en fûts et en caisses.
**Gomme laque, Gomme du Sénégal, Gomme copal,** en fûts.
**Muscades, Piment,** en fûts et en caisses.
**Tapioca,** en fûts.

| | BOUCAUTS. | | TIERÇONS. | | QUARTS OU BARILS. | | CAISSES. | |
|---|---|---|---|---|---|---|---|---|
| Recevoir du navire, surveiller les avaries, conditionnement d'usage : | f. | c. | f. | c. | f. | c. | f. | c. |
| Sans échantillonner ni ouvrir. . . . . | » | 25 | » | 20 | » | 15 | » | 25 |
| Avec échantillonnage en détail. . . . . | » | 50 | » | 35 | » | 25 | » | 50 |
| Ouvrir et fermer, avec ou sans marque, pour examen ou vente publique. . . . . . . . . . . | » | 60 | » | 50 | » | 35 | » | 50 |
| Échantillonner seulement. . . . . . . . . | » | 30 | » | 20 | » | 15 | » | 25 |
| Recevoir, tarer, échantillonner et conditionner pour expédier ou remettre en magasin. . . . . . | 1 | 50 | 1 | » | » | 75 | 1 | 25 |
| Conditionner seulement pour expédier : | | | | | | | | |
| Sans échantillonner. . . . . . . . . | » | 50 | » | 40 | » | 30 | » | 50 |
| Avec échantillonnage. . . . . . . . . | » | 75 | » | 50 | » | 40 | » | 75 |
| Conditionner pour expédier, sans échantillonner ni tarer, les cafés en fûts déjà tarés dans le dock pour réception d'acheteur. . . . . . . . . . . | » | 35 | » | 25 | » | 20 | » | 35 |
| Surveiller le désarrimage à la livraison ou à la sortie. | » | 05 | » | 04 | » | 03 | » | 10 |
| Tarer pour la douane. . . . . . . . . . . | 1 | 50 | 1 | » | » | 75 | 1 | 25 |
| — (cacaos). . . . . . . . . . . | 1 | 25 | » | 75 | » | 60 | 1 | » |

## Cigares en caisses.

| | | |
|---|---|---|
| Recevoir du navire, surveiller les avaries, conditionnement d'usage. . . . | » | 20 |
| Ouvrir et fermer la caisse pour examen ou vente publique. . . . . . . | » | 50 |
| Vider la caisse avec ou sans collage de vignettes. . . . . . . . . . . | 1 | 50 |
| Ouvrir la boîte pour faire le net. . . . . . . . . . . . . . . . | » | 10 |
| Recevoir et conditionner pour expédier. . . . . . . . . . . . . . | » | 40 |
| — pour remettre en magasin. . . . . . . . . . . . . . | » | 25 |

## Cire.

**Blanc de baleine.**
**Caoutchouc.** } **En fûts et en caisses.**
**Nacre de perle.**

| | BOUCAUTS. | TIERÇONS. | QUARTS OU BARILS. | CAISSES. |
|---|---|---|---|---|
| Recevoir du navire, surveiller les avaries, conditionnement d'usage : | f. c. | f. c. | f. c. | f. c. |
| Sans échantillonner ni ouvrir . . . . . | » 25 | » 20 | » 15 | » 25 |
| Avec échantillonnage sans vidage. . . . | » 60 | » 50 | » 40 | » 60 |
| — et vidage. . . . | 1 50 | 1 30 | 1 » | 1 10 |
| Ouvrir et fermer, avec ou sans marque, pour examen ou vente publique. . . . . . . . . . . . | » 60 | » 50 | » 35 | » 50 |
| Recevoir, reconnaître, tarer et conditionner pour expédier ou pour remettre en magasin, avec ou sans échantillonnage. . . . . . . . . . . . | 1 75 | 1 50 | 1 » | 1 25 |
| Conditionner seulement pour expédier. . . . . | » 50 | » 40 | » 30 | » 50 |
| Surveillance du désarrimage à la livraison ou à la sortie. | » 05 | » 04 | » 03 | » 05 |
| Pour les caisses de caoutchouc, hausses en plus, 1 fr. | | | | |

## Citrons et Oranges.

| | EN CAISSE. | EN DEMI-CAISSE. |
|---|---|---|
| | f. c. | f. c. |
| Recevoir du navire, surveiller les avaries, avec conditionnement d'usage, sans ouvrir. . . . . . . . . . . . . . . . . . . | » 07 | » 05 |
| Ouvrir ou fermer avec ou sans marque pour examen ou vente publique. | » 30 | » 25 |
| Conditionnement pour expédier. . . . . . . . . . . . . . | » 20 | » 15 |

---

## Cuivre en fûts ou en caisses.

| | |
|---|---|
| Recevoir du navire, surveiller le conditionnement. . . . . . . . . . . . . . . | » 25 |
| Ouvrir et fermer avec ou sans marque pour examen ou vente publique. . . . . . . . . | » 50 |
| Recevoir, tarer et conditionner pour expédier (comme pour les cafés) : | |
| Conditionner seulement pour expédier. . . . . . . . . . . . . . . . . . . | » 25 |
| Surveiller le désarrimage à la livraison ou à la sortie. . . . . . . . . . . . . . . | » 05 |

---

## Cuivre, Plomb et Étain en lingots.

| | CUIVRE. | PLOMB ET ÉTAIN. |
|---|---|---|
| | f. c. | f. c. |
| Couper le morceau par lingot. . . . . . . . . . . . . . . . . . | » 10 | » 03 |
| Couper le morceau et le couler par lingot. . . . . . . . . . . | » » | » 05 |

---

## Dents d'Éléphant.

**Écailles.**
**Onglons.**
**Caouane.**

| | BOUCAUTS. | TIERÇONS. | QUARTS. | CAISSES. |
|---|---|---|---|---|
| Recevoir du navire, surveiller les avaries, conditionnement d'usage : | f. c. | f. c. | f. c. | f. c. |
| Sans échantillonner ni ouvrir. . . . . | » 50 | » 45 | » 40 | » 50 |
| Avec échantillonnage. . . . . . . . | » 75 | » 60 | » 50 | » 75 |
| Ouvrir et fermer, avec ou sans marque, pour examen ou vente publique. . . . . . . . . . . . | » 85 | » 75 | » 60 | » 75 |
| Recevoir, tarer, échantillonner et conditionner pour expédier ou remettre en magasin. . . . . . | 1 75 | 1 25 | 1 » | 1 50 |
| Conditionner seulement pour expédier : | | | | |
| Sans échantillonner. . . . . . . . . | » 75 | » 65 | » 55 | » 75 |
| Avec échantillonnage. . . . . . . . . | 1 » | » 75 | » 65 | 1 » |
| Surveiller le désarrimage à la livraison ou à la sortie. . . . . . . . . . . . . . . . | » 05 | » 04 | » 03 | » 10 |
| Tarer pour la douane. . . . . . . . . . . | 1 75 | 1 25 | 1 » | 1 50 |

---

## Farines en barils.

| | |
|---|---|
| Recevoir du navire, surveiller les avaries, conditionnement d'usage : | |
| Sans échantillonner ni ouvrir. . . . . . . . . . . . . . . . . . | » 05 |
| Echantillonnage à la sonde. . . . . . . . . . . . . . . . . . | » 05 |
| Ouvrir et fermer avec ou sans marque, pour examen ou vente publique. . . . . . . . . | » 10 |
| Recevoir et conditionner pour expédier ou remettre en magasin : | |
| Sans ouvrir. . . . . . . . . . . . . . . . . . . . . . | » 10 |
| Avec ouverture d'un côté. . . . . . . . . . . . . . . . . | » 15 |
| — des deux bouts. . . . . . . . . . . . . . . | » 25 |
| Refonçage des barils refusés à la livraison (pour compte du vendeur). . . . . . . . . | » 10 |
| Examen des barils réparés à la livraison (pour compte de l'acheteur). . . . . . . . | » 05 |
| Bonifier (prix par chaque bout) . . . . . . . . . . . . . . . . . . . . | » 25 |
| Surveiller le désarrimage à la livraison ou à la sortie. . . . . . . . . . . . | » 02 ½ |
| Ficeler pour plomber (prix spécial pour les farines). . . . . . . . . . . . . . | » 15 |

## Goudron.

| | EN GONNE. | EN DEMI-GONNE. |
|---|---|---|
| | f. c. | f. c. |
| Recevoir du navire, surveiller les avaries, conditionnement d'usage. | » 30 | » 20 |
| Faire le plein. | » 70 | » 50 |
| Rebattre pour expédier ou remettre en magasin. | 1 25 | 1 » |

## Graine de lin en barils.

| | |
|---|---|
| Recevoir du navire, surveiller les avaries, conditionnement d'usage : | |
| Sans échantillonner ni ouvrir. | » 25 |
| Avec échantillonnage à la sonde | » 35 |
| Ouvrir et fermer, avec ou sans marque, pour examen ou vente publique. | » 50 |
| (En plus le voilier pour recoudre l'emballage). | |
| Remonter le baril. | 1 50 |
| Recevoir et conditionner sans ouvrir pour l'expédition. | » 50 |
| Recoudre les emballages des barils (voilerie). | » 10 |

## Graisses liquides en fûts.

| | FUTS au-dessus de 300 kilog. | FUTS de 300 kilog. et au-dessous. |
|---|---|---|
| Recevoir du navire, surveiller les avaries, conditionnement d'usage : | f. c. | f. c. |
| Sans échantillonner. | » 50 | » 40 |
| Avec échantillonnage. | » 60 | » 50 |
| Rebattre, mâter. | 2 » | 1 50 |
| Faire le plein. | 1 10 | » 90 |
| Grattage des fûts (pour l'ensemble de la partie). | » 15 | » 12 |
| Echantillonner seulement (par fût échantillonné) | » 25 | » 25 |
| Ouvrir et fermer, avec ou sans marque, pour examen ou vente publique. | 1 50 | 1 » |
| Recevoir, souder, plaquer et conditionner pour expédier ou remettre en magasin. | » 75 | » 60 |
| Surveiller le désarrimage à la livraison ou à la sortie. | » 15 | » 08 |

### Graisses liquides en caisses.

Recevoir du navire, surveiller les avaries, conditionnement d'usage :

Avec ou sans échantillonnage . . . . . . . . . . . . . . . . . . . » 50

En plus les frais de soudage :

Par chaque caisse soudée . . . . . 0 50

Par chaque boîte soudée . . . . . 0 25

Tarer la caisse de bois seule . . . . . . . . . . . . . . . . . . . . . » 75

Vider et tarer à la réception, compris le soudage et le dessoudage . . . . . . . . . . 1 50

Ouvrir et fermer pour examen ou vente publique, non compris le soudage . . . . . . . . » 50

Recevoir, conditionner et cercler pour expédier ou pour remettre en magasin .

Sans échantillonner . . . . . . . . . . . . . . . . . . . . . » 50

Avec échantillonnage . . . . . . . . . . . . . . . . . . . . . 1 »

Surveiller le désarrimage à la livraison ou à la sortie, compris le soudage s'il y a lieu . . . » 15

---

### Huiles d'Olive.

**Huiles de Morue,**
**Huiles fixes liquides non dénommées.**

| | PIÈCE. | DEMI-PIÈCE. | QUART. |
|---|---|---|---|
| | f. c. | f. c. | f. c. |
| Recevoir du navire, surveiller les avaries et la vidange, conditionnement d'usage : | | | |
| Sans sonder ni échantillonner . . . . . | » 60 | » 50 | » 40 |
| Avec sondage et échantillonnage . . . . | » 80 | » 70 | » 60 |
| Rebattre avec moins de onze cercles fournis (chaque cercle en plus 0,25 cent.) . . . . . . . . . . . . . | 4 » | 3 » | 2 50 |
| Échantillonner seulement, par fût échantillonné pour examen ou vente publique . . . . . . . . . . . . . | » 25 | » 25 | » 25 |
| Ouillage seul . . . . . . . . . . . . . . . | » 50 | » 40 | » 30 |
| Recevoir, souder et conditionner, pour expédier ou remettre en magasin . . . . . . . . . . . . . . . | 1 » | » 75 | » 60 |

## Huiles de Palme et de Coco.

### Huiles de Baleine.

| | FUTS au-dessus de 300 kilog. | FUTS de 300 kilog. et au-dessous. |
|---|---|---|
| Recevoir du navire, surveiller les avaries, conditionnement d'usage : | f. c. | f. c. |
| Sans échantillonner. . . . . . . . . . . . | » 50 | » 40 |
| Avec échantillonnage . . . . . . . . . . . | » 60 | » 50 |
| Rebattre, mâter. . . . . . . . . . . . . . . . . . . . | 2 » | 1 50 |
| Faire le plein. . . . . . . . . . . . . . . . . . . . | 1 10 | » 90 |
| Grattage des fûts (pour l'ensemble de la partie). . . . . . . . | » 15 | » 12 |
| Echantillonner seulement. . . . . . . . . . . . . . . . | » 25 | » 25 |
| Ouvrir et fermer, avec ou sans marque, pour examen ou vente publique. | 1 50 | 1 » |
| Recevoir, souder, plaquer et conditionner pour expédier ou remettre en magasin. . . . . . . . . . . . . . . . . . . . | » 75 | » 60 |
| Surveiller le désarrimage à la livraison ou à la sortie. . . . . . . | » 15 | » 08 |

---

## Indigo en caisses.

### Cochenille en caisses.

Recevoir du navire, surveiller les avaries, conditionnement d'usage :

| | f. c. |
|---|---|
| Sans échantillonner ni ouvrir. . . . . . . . . . . . . . . . . | » 25 |
| — — et reclouer pour l'expédition immédiate. . . | » 50 |
| Ouvrir et fermer pour examen au débarquement ou vente publique. . . . . . . . . | » 50 |
| Ouvrir et fermer pour échantillonnage par les courtiers, sans verser sur toile. . . . . . | 1 » |
| Vider sur le côté et hausser pour l'échantillonnage par les courtiers (hausses comprises, compris le tarage pour la douane). . . . . . . . . . . . . . . . . | 2 25 |
| — — sans hausser. | 1 25 |

Les mêmes opérations avec vidage complet pour tarer, 50 cent. en plus.

| | |
|---|---|
| Ouvrir, verser sur toile pour livraison ou expédition. . . . . . . . . . . . . . | 1 » |
| Recevoir et refermer pour remettre en magasin. . . . . . . . . . . . . . . | » 75 |
| Recevoir, coller, cercler et conditionner pour expédier. . . . . . . . . . . . . | 1 75 |

(Cartes pour les boîtes : 2 cent. pièce).

Nota.—Voir le tarif de voilerie pour l'emballage des caisses.

**Lack-Dye en caisses.**

| | |
|---|---|
| **Assa-fœtida,** | **en caisses.** |
| **Benjoin,** | |
| **Cachou,** | |
| **Gomme laque,** | |
| **Gomme du Sénégal,** | |
| **Gomme Copal,** | |
| **Gommes non dénommées,** | |

Recevoir du navire, surveiller les avaries avec conditionnement d'usage :

| | | |
|---|---|---|
| Sans échantillonner ni ouvrir. . . . . . . . . . . . . . . . . | » | 20 |
| Avec ouverture pour échantillonnage. . . . . . . . . . . . . . . . | » | 50 |
| — — et verser sur le côté pour échantillonnage. | 1 | » |
| Ouvrir et fermer, avec ou sans marque, pour examen ou vente publique. . . . . . . . | » | 50 |
| Recevoir, tarer et conditionner pour expédier ou remettre en magasin. . . . . . . . | 1 | 25 |
| Hausses en plus. . . . . . . . . . . . . . . . . . . . . | 1 | » |
| Conditionner pour expédier ou remettre en magasin, sans tarer ni échantillonner. . . . . | » | 40 |
| Surveiller le désarrimage à la livraison ou à la sortie. . . . . . . . . . . . . . | » | 10 |

## Liquides en fûts.

**Vin, Rhum, Tafia, Esprits, Boissons et liquides non-dénommés en fûts.**

| | DE 1 A 75 LITRES. | DE 76 A 175 LITRES. | DE 176 A 300 LITRES. | DE 301 LITRES et au-dessus. |
|---|---|---|---|---|
| Recevoir du navire, surveiller la vidange et le conditionnement, et faire vérifier : | f. c. | f. c. | f. c. | f. c. |
| Sans échantillonner. . . . . . . . . | » 15 | » 20 | » 25 | » 30 |
| Avec échantillonnage en commune. . . . | » 20 | » 25 | » 30 | » 40 |
| — en détail. . . . . | » 25 | » 30 | » 35 | » 50 |
| Chacune des opérations ci-dessus avec ouillage supportera en plus. . . . . . . . . . . . | » 10 | » 10 | » 10 | » 15 |
| Echantillonnage seul en commune. . . . . . . | » 10 | » 15 | » 15 | » 15 |
| — en détail. . . . . . . . . | » 25 | » 25 | » 25 | » 25 |
| Ouillage seul. . . . . . . . . . . . . . . | » 15 | » 20 | » 20 | » 35 |
| Jauger seulement et prendre le degré. . . . . . . | » 15 | » 15 | » 20 | » 25 |
| Rebattage ordinaire, compris fourniture de six cercles en bois. . . . . . . . . . . . . . . | » 75 | 1 25 | 1 75 | 3 » |
| Rebattage des fûts cerclés en fer, sans fourniture. . | » 75 | » 90 | 1 50 | 2 » |
| Dépotayage, comprenant ouillage et vérification (par hectolitre)[1]. . . . . . . . . . . . . | » 50 | » 50 | » 50 | » 40 |
| Conditionner, vérifier et plaquer pour expédier sans ouillage. | » 25 | » 30 | » 35 | » 50 |
| — — avec ouillage. | » 35 | » 40 | » 50 | » 70 |
| Déchapper et renchapper pour les doubles fûts en sus des autres opérations. . . . . . . . . . | » 50 | » 75 | 1 » | 1 50 |
| Mise en bouteilles et le conditionnement des caisses (de gré à gré). | | | | |

[1] Les fûts au-dessous d'un hectolitre payeront comme pour l'hectolitre.

## Minerais en fûts.

**Chromates,**
**Cendres d'Orfèvre,**
**Manganèse,**
**Noir animal et noir de fumée,**
**Ocre.**

| | |
|---|---|
| Recevoir du navire, surveiller les avaries, conditionnement d'usage. . . . . . . . . . | » 10 |
| Vider ou tarer. . . . . . . . . . . . . . . . . . . . . . . . . . . . . | 1 » |
| Ouvrir et fermer, avec ou sans marque, pour examen ou vente publique. . . . . . . . | » 60 |
| Recevoir et conditionner pour expédier. . . . . . . . . . . . . . . . . . . . . | » 40 |
| Surveiller le désarrimage à la livraison ou à la sortie. . . . . . . . . . . . . . | » 05 |

## Potasse et Perlasse d'Amérique.

| | |
|---|---|
| Recevoir du navire, surveiller les avaries, conditionnement d'usage, sans ouvrir. . . . . | » 20 |
| Ouvrir et fermer pour examen ou vente publique. . . . . . . . . . . . . . . . . | » 40 |
| Recevoir, conditionner, arbitrer pour expédier ou remettre en magasin. . . . . . . . . | » 40 |
| — — — sans ouvrir. . . . . | » 25 |
| Surveiller le désarrimage à la livraison ou à la sortie. . . . . . . . . . . . . . | » 02 |

## Potasse de Russie en barils.

**Alun en barils.**

| | |
|---|---|
| Recevoir du navire, surveiller les avaries, conditionnement d'usage : | |
| Sans échantillonner. . . . . . . . . . . . . . . . . . . | » 40 |
| Avec échantillonnage à la sonde. . . . . . . . . . . . . . . . | » 50 |
| Ouvrir et fermer, avec ou sans marque, pour examen, vente publique ou échantillonnage. . . | » 60 |
| Echantillonner seulement à la sonde. . . . . . . . . . . . . . . . . . . . . . | » 25 |
| Recevoir et conditionner sans ouvrir pour expédier ou remettre en magasin, avec ou sans échantillonnage. . . . . . . . . . . . . . . . . . . . . . . . . . . . | » 75 |
| En sus, par chaque fût ouvert pour arbitrer. . . . . . . . . . . . | » 50 |
| Surveiller le désarrimage à la livraison ou à la sortie. . . . . . . . . . . . . . | » 10 |

## Quercitron en fûts.

Recevoir du navire, surveiller les avaries, conditionnement d'usage :

| | f. | c. |
|---|---|---|
| Sans échantillonner ni ouvrir | » | 40 |
| Avec échantillonnage | » | 60 |
| Ouvrir et fermer, avec ou sans marque, pour examen ou vente publique, ou refoncer seulement | 1 | » |
| Recevoir et conditionner sans ouvrir pour expédier ou remettre en magasin, avec ou sans échantillonnage | » | 75 |
| En plus, par chaque fût ouvert pour arbitrer | » | 80 |
| Surveiller le désarrimage à la livraison ou à la sortie | » | 20 |

## Raisins secs de table.

### Figues sèches.

| | CAISSES. | DEMI-CAISSES. | QUART DE CAISSES ou boîtes. |
|---|---|---|---|
| | f. c. | f. c. | f. c. |
| Recevoir du navire, surveiller les avaries, conditionnement d'usage sans ouvrir | » 02 ½ | » 02 | » 01 |
| Ouvrir et fermer, avec ou sans marque, pour examen, vente publique ou pour échantillonner | » 15 | » 10 | » 08 |
| Recevoir et conditionner, sans ouvrir, pour expédier ou remettre en magasin | » 04 | » 03 | » 02 |

## Raisins secs pour boisson.

| | BOUCAUTS. | TIERÇONS et barils. | CAISSES et demi-caisses. |
|---|---|---|---|
| | f. c. | f. c. | f. c. |
| Recevoir du navire, surveiller les avaries, conditionnement d'usage, sans ouvrir | » 30 | » 10 | » 05 |
| Ouvrir et fermer, ou seulement refoncer, pour examen, vente publique, ou pour échantillonner | » 50 | » 30 | » 20 |
| Tarer | 2 50 | 1 » | » 50 |
| Recevoir et conditionner sans ouvrir, pour expédier ou remettre en magasin | » 50 | » 15 | » 08 |
| Surveiller le désarrimage à la livraison ou à la sortie | » 10 | » 05 | » 03 |

## Résines en barils.

**Asphalte, Brai,** } **en barils.**

| | f. c. |
|---|---|
| Recevoir du navire, surveiller les avaries, conditionnement d'usage. . . . . . . . | » 10 |
| Ouvrir et fermer, ou seulement refoncer, pour examen ou vente publique. . . . . . . . | » 25 |
| Recevoir et conditionner pour expédier ou remettre en magasin. . . . . . . . . . | » 12 ½ |
| Surveiller le désarrimage à la livraison ou à la sortie. . . . . . . . . . . . . . | » 05 |

---

## Riz en fûts.

| | TIERÇONS. | DEMI-TIERÇONS. |
|---|---|---|
| Recevoir du navire, surveiller les avaries, conditionnement d'usage : | f. c. | f. c. |
| Sans échantillonner. . . . . . . . . . . . . | » 15 | » 15 |
| Avec échantillonnage. . . . . . . . . . . . | » 35 | » 25 |
| Ouvrir et fermer, ou seulement refoncer, pour examen ou vente publique. | » 50 | » 40 |
| Vider sur toile et bonifier. . . . . . . . . . . . . . . . . | 1 50 | 1 » |
| Recevoir, échantillonner et conditionner pour expédier. . . . . . | » 65 | » 50 |
| — — pour remettre en magasin. . | » 50 | » 30 |
| Surveiller le désarrimage à la livraison ou à la sortie. . . . . . . | » 10 | » 05 |

---

## Rocou en fûts.

| | |
|---|---|
| Recevoir du navire, surveiller les avaries, conditionnement d'usage : | |
| Sans échantillonner. . . . . . . . . . . . . . . . . . . . . | » 25 |
| Avec échantillonnage par la bonde. . . . . . . . . . . . . . . | » 40 |
| Ouvrir et fermer, avec ou sans marque, pour examen ou vente publique. . . . . . . . | » 75 |
| Débonder et rebonder. . . . . . . . . . . . . . . . . . . . . . . . . | » 15 |
| Echantillonner seulement par la bonde. . . . . . . . . . . . . . . . . . . | » 20 |
| Recevoir, conditionner, arbitrer, avec ou sans échantillonnage, pour expédier ou pour remettre en magasin : sans ouvrir . . . . . . . . . . . . . . . . . . . . . . . | » 50 |
| Avec ouverture. . . . . . . . . . . . . . . . . . . . . | 1 » |
| Surveiller le désarrimage à la livraison ou à la sortie. . . . . . . . . . . . . . | » 05 |

---

## Saindoux en fûts.

**Graisses concrètes,** } **en fûts.**
**Mélasse,**

| | BOUCAUTS. | | TIERÇONS. | | BARILS. | | FRÉQUINS. | |
|---|---|---|---|---|---|---|---|---|
| | f. | c. | f. | c. | f. | c. | f. | c. |
| Recevoir du navire, surveiller les avaries, conditionnement d'usage : | | | | | | | | |
| Sans échantillonner. . . . . . . . . | » | 25 | » | 15 | » | 10 | » | 05 |
| Avec échantillonnage en commune. . . . | » | 50 | » | 30 | » | 25 | » | 10 |
| — en détail. . . . . | » | 60 | » | 40 | » | 30 | » | 12 |
| Ouvrir et fermer, avec ou sans marque, pour examen ou vente publique. . . . . . . . . . . . | » | 75 | » | 50 | » | 40 | » | 25 |
| Tarer. . . . . . . . . . . . . . . . . | 2 | » | 1 | 25 | 1 | » | » | 50 |
| Nettoyer. . . . . . . . . . . . . . . . | » | 75 | » | 50 | » | 25 | » | 15 |
| Rebattre seulement. . . . . . . . . . . . | 2 | » | 1 | 25 | 1 | » | » | 50 |
| Echantillonner seulement en commune. . . . . | » | 40 | » | 25 | » | 20 | » | 08 |
| — en détail. . . . . . | » | 50 | » | 30 | » | 25 | » | 10 |
| Recevoir et conditionner pour expédier ou remettre en magasin : | | | | | | | | |
| Sans échantillonner. . . . . . . . . | » | 65 | » | 30 | » | 25 | » | 10 |
| Avec échantillonnage en commune. . . . | » | 75 | » | 40 | » | 35 | » | 10 |
| — en détail. . . . . | » | 85 | » | 50 | » | 40 | » | 15 |
| Surveiller le désarrimage à la livraison ou à la sortie. | » | 10 | » | 05 | » | 05 | » | 02 |
| Ficeler pour plomber (prix spécial pour les fréquins de saindoux). . . . . . . . . . . . . . | | | | | | | » | 15 |

**Sucres en fûts des colonies françaises.**
**Couperose.**

| | EN BARRIQUES. | EN TIERÇONS. | EN QUARTS. |
|---|---|---|---|
| Recevoir du navire, surveiller les avaries, conditionnement d'usage : | f. c. | f. c. | f. c. |
| Sans échantillonner ni ouvrir. . . . . | » 40 | » 30 | » 20 |
| Avec échantillonnage en détail sans ouvrir. | » 60 | » 50 | » 30 |
| Ouvrir et fermer, avec ou sans marque, pour examen ou vente publique. . . . . . . . . . . . . . | » 75 | » 50 | » 30 |
| Tarer. . . . . . . . . . . . . . . . . | 2 50 | 1 75 | 1 25 |
| Faire le plein (par chaque fût rempli). . . . . . . | 1 50 | 1 » | » 75 |
| Echantillonner en magasin : en détail. . . . . . . . . . . . | » 30 | » 25 | » 15 |
| Recevoir, arbitrer et conditionner pour expédier, avec échantillonnage en détail. . . . . . | 1 10 | » 90 | » 75 |
| Recevoir et conditionner pour laisser en magasin : Avec échantillonnage en détail. . . . | 1 » | » 80 | » 65 |
| Recevoir et conditionner pour le transport aux raffineries locales : Avec échantillonnage en détail. . . . . | » 90 | » 70 | » 55 |
| Conditionner seulement, sans mâter, pour expédier : | | | |
| Sans échantillonnage. . . . . . . . | » 50 | » 30 | » 30 |
| Avec échantillonnage. . . . . . . | » 70 | » 50 | » 40 |
| Surveiller le désarrimage à la livraison ou à la sortie. . . | » 10 | » 05 | » 05 |

NOTA.—Pour les *sucres étrangers* les prix sont augmentés de 10 pour 100.

## Sucres en caisses.

| | DE HAVANE ET CUBA. | DU BRÉSIL. |
|---|---|---|
| Recevoir du navire, surveiller les avaries, conditionnement d'usage : | f. c. | f. c. |
| Sans échantillonner ni ouvrir. | » 10 | 1 » |
| Avec échantillonnage en commune. | » 20 | 1 20 |
| — en détail. | » 25 | 1 25 |
| Ouvrir et fermer pour examen ou vente publique, avec ou sans marque. | » 50 | 1 » |
| Tarer. | 1 30 | 3 » |
| Faire le plein. | 1 » | 1 50 |
| Echantillonner en magasin seulement : | | |
| — en commune. | » 12 | » 25 |
| — en détail. | » 15 | » 30 |
| Recevoir et conditionner pour expédier sans ouvrir : | | |
| Avec échantillonnage en détail. | » 30 | 1 » |
| — en commune. | » 25 | 1 » |
| Recevoir et conditionner pour laisser en magasin ou pour transport aux raffineries locales : | | |
| Avec échantillonnage en détail. | » 25 | » 70 |
| — en commune. | » 20 | » 70 |
| Conditionner sans échantillonner, pour expédier. | » 20 | » 50 |
| Surveiller le désarrimage à la livraison ou à la sortie. | » 05 | » 40 |

## Suifs d'Amérique en caisses.

### Graisses concrètes en caisses.

| | |
|---|---|
| Recevoir du navire, surveiller les avaries, conditionnement d'usage : | |
| Sans échantillonner. | » 15 |
| Avec échantillonnage. | » 30 |
| Ouvrir et fermer, avec ou sans marque, pour examen ou vente publique. | » 50 |
| Tarer. | » 75 |
| Nettoyer. | » 25 |
| Recevoir et conditionner pour expédier : | |
| Sans échantillonner. | » 20 |
| Avec échantillonnage. | » 40 |
| — — pour remettre en magasin. | » 25 |
| Echantillonner seulement. | » 20 |
| Surveiller le désarrimage à la livraison ou à la sortie. | » 03 |

## Suifs d'Amérique en fûts.

| | BOUCAUTS. | TIERÇONS. | BARILS. | FRÉQUINS. |
|---|---|---|---|---|
| Recevoir du navire, surveiller les avaries, conditionnement d'usage : | f. c. | f. c. | f. c. | f. c. |
| Sans échantillonner ni ouvrir . . . . . . | » 25 | » 15 | » 10 | » 05 |
| Avec échantillonnage en commune. . . . | » 50 | » 30 | » 25 | » 10 |
| — en détail. . . . . | » 60 | » 40 | » 30 | » 12 |
| Ouvrir et fermer, avec ou sans marque, pour examen ou vente publique. . . . . . . . . . . . | » 75 | » 50 | » 40 | » 25 |
| Tarer. . . . . . . . . . . . . . . . . . | 2 » | 1 25 | 1 » | » 50 |
| Nettoyer. . . . . . . . . . . . . . . . . | » 75 | » 50 | » 25 | » 15 |
| Rebattre seulement. . . . . . . . . . . . | 2 » | 1 25 | 1 » | » 50 |
| Echantillonner seulement : | | | | |
| En commune. . . . . . . . . . . | » 40 | » 25 | » 20 | » 08 |
| En détail. . . . . . . . . . . . | » 50 | » 30 | » 25 | » 10 |
| Recevoir et conditionner pour expédier ou remettre en magasin : | | | | |
| Sans échantillonner. . . . . . . . . . | » 65 | » 30 | » 25 | » 10 |
| Avec échantillonnage en commune. . . . | » 75 | » 40 | » 35 | » 10 |
| — en détail. . . . . | » 85 | » 50 | » 40 | » 15 |
| Surveiller le désarrimage à la livraison ou à la sortie. | » 10 | » 05 | » 05 | » 02 |

## Suifs de Russie en fûts.

Recevoir du navire, surveiller les avaries, conditionnement d'usage, compléter les cercles :

| | |
|---|---|
| Sans échantillonner ni ouvrir. . . . . . . . . . . . . . . . . . . . . . . . | » 50 |
| Avec échantillonnage. . . . . . . . . . . . . . . . . . . . . . . . . . . | » 75 |
| Ouvrir et fermer, avec ou sans marque, pour examen ou vente publique. . . . . . . | » 75 |
| Echantillonner en magasin seulement. . . . . . . . . . . . . . . . . . . . | » 25 |
| Recevoir, échantillonner et conditionner pour expédier. . . . . . . . . . . . . | » 75 |
| — — pour laisser en magasin. . . . . . . . . . . | » 50 |
| Conditionner seulement, sans échantillonner, pour expédier. . . . . . . . . . . | » 30 |
| Surveiller le désarrimage à la livraison ou à la sortie. . . . . . . . . . . . | » 10 |

## Thé.

| | CAISSES. | DEMI-CAISSES. | QUART DE CAISSES et boîtes. | FARDEAUX. |
|---|---|---|---|---|
| Recevoir du navire, surveiller les avaries, conditionnement d'usage : | f. c. | f. c. | f. c. | f. c. |
| Sans échantillonner ni ouvrir. . . . . . | » 12 | » 08 | » 05 | » 12 |
| Avec échantillonnage à l'emporte-pièce. . | » 25 | » 25 | » 20 | » » |
| Avec échantillonnage et ouverture. . . . | » 50 | » 50 | » 40 | » » |
| Tarer et échantillonner. . . . . . . . . . . | 1 » | » 75 | » 50 | » » |
| Recevoir et conditionner pour expédier, sans échantillonner : | | | | |
| Pour les caisses emballées. . . . . . | » 30 | » 25 | » 20 | » 30 |
| — non emballées. . . . | » 50 | » 40 | » 25 | » » |

## Tabac en fûts.

| | |
|---|---|
| Conditionner au débarquement, fournitures en plus. . . . . . . . . . . . . . . | » 50 |
| Veiller à l'avarie, et marquer au débarquement. . . . . . . . . . . . . . . | » 20 |
| Echantillonner et reconditionner pour le magasin. . . . . . . . . . . . . . . | 1 50 |
| Conditionner pour expédier. . . . . . . . . . . . . . . . . . . . . | 1 » |
| Tarer. . . . . . . . . . . . . . . . . . . . . . . . . . . . | 2 » |
| Surveiller le désarrimage à la livraison ou à la sortie. . . . . . . . . . . . | » 10 |

## Vanille en caisses.

| | |
|---|---|
| Recevoir du navire, surveiller les avaries, conditionnement d'usage : | |
| La caisse. . . . . . . . . . . . . . . . . . . . . . . . | » 50 |
| Ouvrir et vider, la caisse de bois. . . . . . . . . . . . . . . . . . . | 1 » |
| Vider, peser au net, souder et désouder, la boîte. . . . . . . . . . . . . | 1 50 |
| — — sans souder ni désouder, la boîte. . . . . . . . . | 1 » |
| Recevoir et conditionner pour l'expédition, la caisse. . . . . . . . . . . . . | 1 » |

## Viandes et poissons salés en saumure.

| | EN TIERÇONS. | EN BARILS. | EN DEMI-BARILS. |
|---|---|---|---|
| | f. c. | f. c. | f. c. |
| Recevoir du navire, surveiller les avaries, conditionnement d'usage, sans ouvrir. | » 30 | » 20 | » 10 |
| Ouvrir et fermer, avec ou sans marque, pour examen ou vente publique | 1 » | » 75 | » 60 |
| Ouvrir et vider. | 1 50 | 1 35 | » 75 |
| Rebattre seulement. | 1 30 | 1 20 | » 80 |
| Débonder seulement. | » 10 | » 10 | » 10 |
| Recevoir, conditionner pour expédier ou remettre en magasin, sans saumurer. | » 30 | » 25 | » 15 |
| — — avec saumure. | » 50 | » 40 | » 25 |
| (En plus la saumure, à 20 cent. le litre). | | | |
| Surveiller le désarrimage à la livraison ou à la sortie. | » 05 | » 05 | » 02 |

## Viandes et poissons salés non saumurés.

| | EN CAISSES. | EN BOUCAUTS. | EN TIERÇONS. | EN BARILS. |
|---|---|---|---|---|
| | f. c. | f. c. | f. c. | f. c. |
| Recevoir du navire, surveiller les avaries, conditionnement d'usage, sans ouvrir. | » 40 | » 40 | » 20 | » 15 |
| Ouvrir et fermer pour examen ou vente publique. | » 50 | » 50 | » 40 | » 30 |
| Recevoir, vider, tarer et conditionner pour expédier ou remettre en magasin. | 1 40 | 2 » | 1 » | » 75 |
| Conditionner seulement pour expédier ou remettre en magasin. | » 50 | » 75 | » 50 | » 30 |
| Surveiller le désarrimage à la livraison ou à la sortie. | » 10 | » 10 | » 05 | » 05 |

## Travaux de Tonnellerie à bord ou sur le quai pour compte du navire

*Commandés par le capitaine ou exécutés d'office, quand il y a nécessité, pour assurer la mise à terre, conformément aux usages de la place.*

PAR COLIS TRAVAILLÉ.

| | BOUCAUTS ou pipes. | TIERÇONS ou demi-pipes. | QUARTS ou barils. | CAISSES. | DEMI-CAISSES ou boîtes. |
|---|---|---|---|---|---|
| LIQUIDES. | f. c. | f. c. | f. c. | f. c. | f. c. |
| Conditionnement suivant l'usage. . . | » 75 | » 60 | » 50 | » » | » » |
| TOUTES AUTRES MARCHANDISES. | | | | | |
| Conditionnement ou refonçage. . . . | » 60 | » 40 | » 30 | » 50 | » 15 |

Fournitures en plus suivant le tarif.

# SUPPLÉMENT AU TARIF DE TONNELLERIE.

| | f. | c. |
|---|---|---|
| Ficeler pour plomber, par colis. . . . . . . . . . . . . . . . . . . . . . . . | » | 20 |
| Marquage jusqu'à six lettres, chiffres ou figures, lorsque la marchandise ne donne lieu à aucune autre opération de Tonnellerie tarifée. . . . . . . . . . . . . . | » | 10 |
| (Chaque lettre ou figure en plus 0 fr. 02). | | |
| Ouverture et fermeture de caisses non-dénommées. . . . . . . . . . . . . . . | » | 50 |
| — — — et vider. . . . . . . . . . . . | 1 | 25 |
| Dessouder et ressouder. . . . . . . . . . . . . . . . . . . . . . . . . . . | 1 | » |

**Prix des journées de Tonnelier pour travaux non-prévus au tarif.**

| | f. | c. |
|---|---|---|
| Par journée entière. . . . . . . . . . . . . . . . . . . . . . . . . . | 5 | 50 |
| Par demi-journée. . . . . . . . . . . . . . . . . . . . . . . . . . . | 3 | » |
| Par heure. . . . . . . . . . . . . . . . . . . . . . . . . . . . . . | 1 | » |

**Prix des fournitures pour les liquides.**

| | FUTS de 1 à 75 litres. | FUTS de 76 à 175 litres. | FUTS de 176 à 300 litres. | FUTS de 301 litres et au-dessus. |
|---|---|---|---|---|
| | f. c. | f. c. | f. c. | f. c. |
| Cercles en bois. . . . . . . . . . | » 15 | » 15 | » 20 | » 25 |
| Cercles en fer. . . . . . . . . . . | » 60 | » 80 | 1 15 | 1 40 |
| Jables. . . . . . . . . . . . . | » 20 | » 20 | » 25 | » 25 |
| Douves ou morceaux de fonds. . . . . | » 80 | » 80 | » 80 | 1 » |
| Fonds entiers. . . . . . . . . . . | 1 50 | 2 25 | 3 50 | 5 » |

Pour toutes autres fournitures de Tonnellerie, la Compagnie traitera de gré à gré avec les négociants, qui auront néanmoins la faculté de les fournir eux-mêmes.

# TABLE DES MATIÈRES.

Paris. — Imprimé chez Bonaventure et Ducessois, 55, quai des Augustins.

PARIS. — IMPRIMÉ CHEZ BONAVENTURE ET DUCESSOIS,
55, QUAI DES AUGUSTINS.

www.ingramcontent.com/pod-product-compliance
Lightning Source LLC
LaVergne TN
LVHW020428230826
846091LV00004B/1427

* 9 7 8 2 0 1 3 6 2 5 4 9 4 *